Wie's früher war in Calw

Wie's früher war in Calw

Ältere CalwerInnen erzählen
lebendige Stadtgeschichte(n)
aufgeschrieben von Herbert Carl

Verlag Sindlinger-Burchartz

Das Bild auf der Titelseite zeigt die untere Biergasse mit den im Buch erwähnten Häusern: Küferei Schad/Wirtschaft „Jungfer" (mit dem Wirtshausschild in der Bildmitte), Bäckerei Vogt (Bildmitte) und Spielwarenladen Stuber (zweites Haus rechts).

Alle Rechte vorbehalten
© 1997 Verlag Sindlinger-Burchartz, Frickenhausen
ISBN 3-928812-16-5
Fotos: Private Sammlung
Satz: Herbert Schölch-Heimgärtner
Druck: Druckerei Steinmeier, Nördlingen

Zum Geleit

Die Erinnerung ist die Basis jeden Lernens. Sich erinnern können, die Position der eigenen Person, die Position einer Stadt in ihrem historischer Wandel nachvollziehen können, ist eine grundlegende Voraussetzung der Identitätsfindung. Ohne das Bewußtsein, daß es ein Gestern gab, ist ein Denken in der Kategorie Heute unmöglich, die sich gegen das, was schon war, und das, was noch nicht ist, abgrenzt.

Die klassische Geschichtsschreibung hat sich in früherer Zeit in der Regel auf die „großen Abläufe" konzentriert, Geschichte war die Betrachtung des Werdens und Vergehens von Staaten, von Machtsystemen. Der Mensch als solcher wurde oft vergessen. In der Geschichtswissenschaft der letzten Jahrzehnte hat ein radikales Umdenken eingesetzt. Der Mensch ist in den Mittelpunkt des Interesses gerückt, sein tägliches Leben, das Miteinander der einzelnen Menschen, die Fragen: Wie wurden die Schwierigkeiten des täglichen Lebens gemeistert, wie feierte man, wie lebte man zusammen – das sind Fragen, denen wir heute wesentlich mehr Aufmerksamkeit schenken.

Die lebendige Erinnerung der einzelnen Menschen ist nach wie vor die beste Quelle für die Darstellung des Vergangenen. Die Erinnerung des einzelnen Menschen schafft die persönliche Bindung zur Heimatstadt, schafft die Möglichkeit der Entwicklung persönlicher Identität. Die Verbindung von eigenem Lebensweg und dem Leben anderer Menschen prägt den einzelnen, macht ihn zur Persönlichkeit. Die Erinnerung an dieses Miteinander ist unerläßliche Voraussetzung, sich als Person zu erleben und damit Persönlichkeit zu entwickeln.

„Wie's früher war in Calw" – ein Gesprächskreis an der Volkshochschule Calw – bildete die Basis für die in der Publikation vorliegenden Texte. In diesem Gesprächskreis erinnerten sich alte Calwer an die Zeit ihrer Kindheit, an Feste, an gute wie schlechte Tage, die über unsere Stadt hinweggegangen sind. Die Texte bilden in ihrer bunten Mischung eine gute Grundlage für die Bewertung der heutigen Situation unserer Stadt, in der ja die Spannung zwischen gestern, heute und morgen, die Begegnung mit der Vergangenheit und der Ausblick auf die Zukunft Spannungspole sind, zwischen denen das Leben in unserer Stadt abläuft.

Den Autoren der einzelnen Beiträge, in denen die Liebe zur Heimatstadt an vielen Stellen zwischen den Zeilen lesbar ist, danke ich für ihre Bereitschaft, ihre Beiträge und Erzählungen druckfertig zu machen und zu veröffentlichen.

Dem Initiator des Gesprächskreises, Herrn Herbert Carl, und dem Verlag Sindlinger-Burchartz gilt unser Dank für das Engagement, das die Veröffentlichung zustande kommen läßt. Die Stadt Calw und die Volkshochschule Calw freuen sich, daß ihre Arbeit durch das Büchlein „Wie's früher war in Calw" dokumentiert wird und nach außen hin bleibende Wirkung zeigt.

Aus Menschenleben wird Geschichte – das dürfen wir nie vergessen. Die vorliegenden persönlichen Erinnerungen sollen auch jedem, der gesellschaftliche Verantwortung trägt, deutlich machen, daß es um das tägliche Leben des einzelnen Menschen geht, wenn man tägliches Leben gestaltet.

Dr. Herbert Karl
Erster Vorsitzender der Volkshochschule Calw
und Oberbürgermeister der
Großen Kreisstadt Calw

Inhalt

Vorwort	9

Wenn se gschafft hott, derf se naus!
Kindheit und Jugendzeit	13
Erziehung	13
In und auf der Nagold	16
Most und andere Lebensmittel	18
Mitschaffen	19
Organisiertes Zusammensein	22
Kleidung	24

Rode Wurscht ond Kemmichkiachle
Feste, Feiern, Märkte	26
Kinderfeste	26
Konfirmation	27
Umzüge	28
Marktgeschehen	29
Der Nikolaus kommt	30

Jedes hott zwoi Datze kriagt – ganz durch!
Schulzeit	32
Nach der Schule	41

Kommet no, jetzt kriaget ihr!
Kinder – Spiele – Plätze	43
Auf Gassen und Straßen	43
Gärtle und Hochwasserwegle	45
In Cliquen	47
Veränderungen	50

's Zipfele, 's Herzele, dr Batzalui-Zibebadrickner
Originale und Originelles	51

Nappo – Bredle – Metzelsupp
Läden und Wirtschaften   60

Heil Hitler statt Grüß Gott
Drittes Reich, Kriegszeit und Kriegsende   68
NSDAP vor Ort   69
Jugend im NS-Staat   72
Partei und Kirche   75
Bedrückendes   77
Opfer der NS-Herrschaft   79
Kriegszeit   82
Kriegsende   87

… scho zwoimol isch ons 's Geld verreckt!
Die Nachkriegszeit   91
Französische Besatzung   91
Flüchtlinge   97
Schwarzmarkt und Währungsreform   99

Kleiner Schnee – große Wasser!
Das Hochwasser 1947   103

Vorwort

Wer sich mit Kindheits- und Jugenderinnerungen in Calw befaßt, kommt an Hermann Hesse nicht vorbei. Aus zweifachem Grund möchte ich im Zusammenhang mit der vorliegenden Publikation auf den Schriftsteller verweisen. Zum einen kann der Leser dieses Buches erfahren, warum Hesse sich in der 1906 erschienenen Erzählung „Unterm Rad" Hans Giebenrath nennt, zum andern tauchen in den Erinnerungen der Gesprächskreisteilnehmer, die rund 40 Jahre nach Hesse in Calw ihre Kindheit und Jugend erlebten, die gleichen Orte auf wie in der obengenannten Erzählung. Sei es die Nagold mit Stellfalle, Wehr und Badwiese, seien es die kleinen Gassen der Altstadt.

Nicht von ungefähr spielt für die meisten, wenn sie an „Heimat" denken, die Kindheit eine wichtige Rolle. In der biographischen Sicht erscheint dieser Lebensabschnitt als diejenige Phase, in der eine vertraute Nähe mit bestimmten Orten samt den dazugehörigen Personen existierte. Mit dem Älter- und Erwachsenwerden geht dieses Gefühl der Übereinstimmung mit Zeit und Ort immer mehr verloren. Demographische und städtebauliche Entwicklungen bringen Veränderungen mit sich. Sie können das Gefühl, sich nicht mehr so heimisch in seiner Stadt zu fühlen, verstärken. Den Wandel sichtbar zu machen durch die Darstellung des Vergangenen erfolgte in den uns vorangegangenen Generationen noch viel stärker über die mündliche Erzählung. Diese Tradition stirbt immer mehr ab, wird überlagert und ersetzt durch andere Formen der Überlieferung.

„Doch fielen diese Bubengeschichten ihm jetzt wieder ein, wie aus weitester Ferne her, und sie hatten so starke Farben und einen so seltsam ahnungsvollen Duft wie nichts von allem seither Erlebten. Das waren noch Zeiten ...", lesen wir in „Unterm Rad". Das Ziel des Gesprächskreises „Wie's früher war in Calw" bestand darin, sich in gemeinsamer Runde der „alten Zeiten" mit ihren positiven wie negativen Aspekten zu erinnern. Einer Kindheit und einer Jugend, die in noch gut überschaubaren Strukturen sich abspielten, die aber auch gekennzeichnet waren von den prägenden Erfahrungen und Erlebnissen in der Zeit des Nationalsozialismus, des Krieges und der Nachkriegszeit. Von November 1995 bis

April 1996 kamen ältere Calwer Bürger und Bürgerinnen alle 14 Tage in den Räumen der Volkshochschule zusammen, um sich jeweils eines Themas anzunehmen. Die Zeitspanne, derer man sich erinnerte, reichte dabei von den ausgehenden zwanziger Jahren bis zum Ende der vierziger Jahre. Das Sich-Erinnern in der gemeinsamen Runde zeitigte den positiven Effekt, daß durch die Erzählung des einen bereits Verschüttetes bei anderen wieder ins Gedächtnis gerufen wurde. Kein Wunder, daß es dabei manchmal recht überschäumend durcheinanderging! Meine Aufgabe als Moderator bestand einerseits darin, eine Struktur vorzugeben, zum Erzählen zu animieren, ohne zu sehr einzuengen, andererseits dem allzu Sprunghaften in der Erinnerung Einhalt zu gebieten und wieder den Weg zu weisen. Die Erzählung nachdenklich stimmender Erlebnisse wechselte ab mit der Schilderung humorvoller Ereignisse – alles in einer offenen und entspannten Atmosphäre. Sämtliche Gespräche wurden auf Band aufgezeichnet.

Die Transkription und Aufbereitung als Lesetext, also die Zugänglichmachung dieser erzählten Geschichten für die an diesem Prozeß nicht beteiligten Leser, warf einige Probleme auf. Bei der Transkription wurde aus Gründen der Lesbarkeit und Verstehbarkeit der Dialekt als Erzählsprache verwandelt in die Schriftsprache. Um die dem Dialekt anhaftende Unmittelbarkeit und Alltagsnähe jedoch nicht ganz zu verlieren, wurden bestimmte Ausdrücke oder auch ganze Sätze im Dialekt beibehalten. Genauso verhielt es sich mit der Erzählzeit. Das im Schwäbischen vorwiegend benutzte Perfekt („i han gsait") wurde zum größten Teil umgewandelt ins Präteritum („ich sagte"), blieb aber immer zwischendurch eingestreut, um den Sprachklang der Erzählungen mitschwingen zu lassen. Eine Struktur war zwar durch die Vorgabe der Themen für die jeweiligen Sitzungen vorgegeben, mußte jedoch für die schriftliche Verarbeitung entlang des zusammengekommenen Erzählmaterials neu festgelegt werden. Zu diesem Zweck wurden die unterschiedlich langen Einzelbeiträge zusammengefaßt und aneinandergereiht. Ein fiktives Erzähl-Ich führt uns so in Form von Geschichten zurück in ein Stück Calwer Stadtgeschichte, wobei auch unterschiedliche Betrachtungsweisen zum Tragen kommen.

Die zufällige Zusammensetzung sowie die begrenzte Teilnehmerzahl des Gesprächskreises hatten zur Folge, daß in diesem Rahmen eben einzelne Geschichten als Geschichten einzelner zusammenkamen, die sich wieder zu einer Art Collage zusammenfügen lassen. Deshalb bleiben einige Aspekte unbeleuchtet oder unterbelichtet. Diese Erzählsammlung kann und will deshalb keinen Anpruch auf umfassende, repräsentative oder wissenschaftliche Darstellung erheben. Es handelt sich aber bei dem vorliegenden Buch auch nicht nur um ein beliebiges Konglomerat zufälliger Erlebnisse, denn es werden Erfahrungen einer Generation, gemacht von und mit Calwern in ihrer Stadt, widergespiegelt und aufgehoben – damit „diese obskure, kleine Gassenwelt" (Hesse) den Nachgeborenen nicht vollständig verloren geht. In diesem Sinne könnte die Publikation vielleicht als Anstoß für andere dienen, ihre Geschichte ebenfalls festzuhalten, um diese „Stadtgeschichte von unten" weiterzuführen und sie den Calwer Bürgern und Bürgerinnen zugänglich zu machen.

Für die Bereitstellung von Bildmaterial möchte ich mich an dieser Stelle ganz herzlich bedanken bei den Teilnehmern des Gesprächskreises, bei Herrn Dr. Pfeilsticker, dem Stadtarchiv Calw sowie den Calwer Kreisnachrichten.

Herbert Carl

Teilnehmer und Teilnehmerinnen am Gesprächskreis

Reinhold Brehm, Dorothee Eckardt, Siegfried Greiner, Eugen Lebzelter, Anneliese Osswald, Maria Schwenker, Sigrid Weiß, Peter Wiesmeyer

Wenn se gschafft hott, derf se naus!

Kindheit und Jugendzeit

Als Kind bin ich in ganz Calw herumgekommen, vom Kapellenberg bis hinauf auf den Wimberg, wo damals höchstens zwei, drei Häuser standen. Das Schöne war, daß man praktisch alle Leute gekannt hat. Heimat – das ist das, was einem heutzutag als altem Calwer fehlt. Jetzt kann ich eigentlich nimmer sagen, das ist meine Heimat!
 Die Leute haben sich früher halt besser gekannt. Das ist heute ganz anders. Da weißt du nicht einmal mehr genau, wer eigentlich im gleichen Haus wohnt. Bei uns wohnen acht Familien, aber jeder macht – bis auf ein paar – schnell die Tür zu, damit er sich nicht mit dem anderen unterhalten muß. Außerdem gibt es eine ziemliche Fluktuation: Alle zwei bis drei Jahre zieht wieder eine andere Familie ein.
 Ich war bis 1939, also bis ich zehn Jahre alt war, in Calw. Man hatte viele Freunde. In jedem Gäßle schlossen sich die Kinder zusammen, man kannte die Eltern und auch die Verwandtschaft der Freunde. Die Kinderzeit war damals noch schön! Zum Beispiel an Ostern: Da hat man sich verabredet und gesagt, wir treffen uns am Ostersonntag um zehn Uhr beim Wackenhut. Und wer den größten Osterhasen mitbrachte, war sozusagen der „King". Es kamen an die zwanzig Kinder dort zusammen und hatten ihren Spaß.
 Dazu, daß man sich früher viel besser gekannt hat, gehörte auch das gegenseitige Aushelfen. Bekam man Holz, das „uff d' Behne" hochgebracht werden mußte, dann packte der Nachbar mit an. Bei unserem Hausbesitzer Schad haben wir geholfen, als das Holz in Körben auf den Speicher hochgezogen wurde. Wir Kinder faßten das Holz ein, und die Erwachsenen zogen es hoch. Einmal löste sich dabei ein Korb und fiel meinem Vater direkt auf den Kopf. Weil ich deswegen herumhopste und lachte, bekam ich von ihm Schläge.

Erziehung

Den Kindergarten hier – das Häuschen steht heute noch im Schulgäßle – besuchten über 100 Kinder, die von der Schwester Marie und einer Gehilfin betreut wurden. Das war „'s Kinderschüle". In

Schwester Marie Stockinger (links) und Helferin Hedwig Lamparter (rechts) mit ihren Kinderschülern (1925)

Begleitung der Schwester Marie sind wir an Seilen durch die Stadt gegangen. Diese hatten Griffe, und daran hat sich jeweils links und rechts ein Kind festgehalten.

Wir hatten Schleifle im Haar, bei einem roten Kleid einen roten „Propeller", bei einem blauen Kleid einen blauen „Propeller" – also immer passend zum Kleid.

Was hat man an Spielzeug gehabt? Mit „Klötzle" und mit „Holzscheitle" haben wir gespielt. Und „Liadle" haben wir gelernt. Jeden Tag ging man ins Kinderschüle, da hat's nicht geheißen: „Heut' bleib' i dr'hoim!" Man hat einfach gehorcht.

„Folgen" hat man müssen. Mein Vater sagte oft kein Wort, es reichte, daß er die Augen aufgerissen hat, und schon sind wir gesprungen! Oder wenn er nur sagte: „Anneliese, komm!" – da hat man pariert. Waren wir bei der Tante zu Besuch, und sie fragte einen: „Magst du noch ein Stück Kuchen?", antwortete ich zögernd „J-ja". Dann schaute ich zu meinem Vater, sah seine Miene und sagte dann schnell: „Ha, noi, Dande, doch liaber net!"

Oder das Treppenlaufen. Da wurde nicht getrampelt. Zu Hause gingen wir auf den Zehenspitzen langsam die Treppe hoch. Saß man am Mittagstisch, durfte kein Wort gesprochen werden. Und nur der Vater verteilte die Fleischportionen. Fleisch gab's überhaupt vielleicht nur einmal in der Woche. Vater, Mutter und Kinder – ein jedes hatte seinen festen Platz bei Tisch.

Es war in der Fasnetszeit. Während des Mittagessens schlich ich mich von hinten an meinen Vater heran und schüttete einen Beutel Konfetti über seine Glatze. Die Papierschnipsel landeten in den Linsen. Da hab' ich vielleicht „Straich kriagt"!

Wenn man brav gewesen war, durfte man eine Brezel und ein Bonbon kaufen. Die Brezel kostete vier Pfennig und das Bonbon einen Pfennig. Doch war man nicht artig gewesen, hieß es: „Eine Brezel darfst du kaufen, aber der Pfennig wird abgeliefert." Das hat man gemacht, ha, da hat man kein „Bombole" gekauft.

Dann ist noch ein Vier-Pfennig-Stück gemacht worden unter dem Reichskanzler Brüning. Deshalb hat man diesen Groschen auch „Brüningstaler" genannt. Das Vier-Pfennig-Stück wurde gemacht, weil damals viele Sachen wie Brezeln, Wecken usw. eben vier Pfennig kosteten.

Wir durften als Kinder nicht mit einem Vesperbrot auf die Straße gehen. Gevespert wurde daheim. „Uff d' Gaß" durfte man erst, nachdem man die Hände gewaschen und den Mund sauber abgewischt hatte. Unterwegs essen – das gab's nicht!

Und wenn man ganz ehrlich sein will, „liadrich" waren wir natürlich auch. Da hat man nach Mutters Geldbeutel geschaut, und hat hin und wieder ein „Fuffzgerle" raus. So war's, wir sind auch keine Engel gewesen! Ein Pech war's halt, wenn die Mutter genau wußte, wieviel im Geldbeutel drin gewesen war.

Wenn man einmal ein „Fuffzgerle" auf der Straße gefunden hat, dann hat man das aufgehoben, weil das für uns Kinder viel Geld war. Die Mutter sagte dann: „Des isch aber liab von dir. Do muaß mer davo a Brezel kaufa fir d' Schual am andera Daag." Üblicherweise hat man halt ein Stück Brot und einen Apfel mitbekommen. Man mußte froh sein, wenn ein Apfel dabei war, denn manchmal reichte es auch nur zu einem Brot. Und wenn man keinen Apfel mitbekam, dann hat man sich halt einen geholt.

Das heimliche Lesen von Büchern mit der Taschenlampe unter der Bettdecke war eines der wenigen Vergnügen. Die Bücher wurden gekauft, aus der Bücherei ausgeliehen oder im Freundeskreis getauscht. Einmal las ich abends im Bett einen ergreifenden

Roman und mußte heulen. Am nächsten Morgen sah man mir das wohl noch an. Als ich in der Schule deshalb gefragt wurde, was denn los sei, anwortete ich, meine Großmutter sei gestorben.

Was hat der Vater an Spielzeug hergestellt? Bleisoldaten für die Buben und Puppenstuben für die Mädchen. Die Mädchen haben dann untereinander verglichen, wer die schönsten „Möbele" hat; wir Jungen haben geschaut, wer die meisten Soldaten oder besonders schöne hatte. Und während des Krieges gab's Soldaten, deutsche Soldaten natürlich, aus Elastolin. Ich wohnte ja vis à vis vom Spielwarenladen Stüber und konnte täglich in den Laden hineinschauen. Einmal wollte ich einen Soldaten dort kaufen, der kostete 15 Pfennig. Ich aber hatte nur 10 Pfennig bei mir. Da sagte das Fräulein Stüber: „Do fehlet no fenf Pfennig!" Ich erwiderte: „Ha, des isch net so schlemm, uff die fenf Pfennig kommt's net druff a!" – nahm den Soldaten und verschwand.

In und auf der Nagold

Diejenigen Calwer Mädchen, die nicht schwimmen konnten, mußten antreten. Und dann kamen der Balz, der Klein und Konsorten und machten die Schwimmbewegungen vor. Danach wurden alle an den Händen und an den Füßen gepackt und 1–2–3 in das ungefähr anderthalb Meter tiefe Wasser geworfen. Innerhalb von zwei, drei Tagen hatten alle aus der Badstraße oder Bahnhofstraße schwimmen gelernt – nachdem sie die Anweisungen befolgt und auch reichlich Wasser geschluckt hatten!

Wir Ledergäßler haben natürlich oft in der Nagold gebadet. Wo später das blaue Wehr errichtet wurde, hatte sich zuvor eine sogenannte „Stellfalle" befunden. Dort konnte man sich festhalten und zunächst mal den Beinschlag üben. Am siebten Pfosten des Weinstegs war ein „Gumpen", da war der Fluß zirka drei Meter tief. An dieser Stelle konnte man in den Fluß springen. Ansonsten war die Nagold nicht so tief, als daß man da hätte einfach hineinspringen können. Später, wenn man besser hat schwimmen können, ist man zur „Kratze" (Kratzenfabrik) hinausgegangen, dort in den Fluß gestiegen und bis zum Elektrizitätswerk hinuntergeschwommen.

Die ganz Mutigen sind auch von der Brücke vom Viadukt herunter ins Wasser gesprungen. Ich traute mich das nie, weil ich dachte, ich würde sonst ertrinken.

Wir wohnten weiter draußen am Badsteg. Die Jungen, die uns das Schwimmen beigebracht hatten, stiegen dort auf einen Baum, während wir Mädchen im Wasser blieben. Plötzlich, als jene auch ins Wasser sprangen, spürte man, wie etwas hinter einem vorbeisauste. Jetzt waren das Wasserratten, die diese Burschen uns ins Genick geworfen hatten. Wir schrien natürlich wie die Löwen! Das ging so lange, bis einige unserer Väter kamen und die Übeltäter verdroschen.

Ganz ungefährlich waren unsere Freizeitunternehmungen auch nicht immer. Eines Tages etwa sind wir in einem Nachen auf der Nagold bis zur „Kratze" gefahren. Und meine Mutter hat von der Brücke aus gesehen, daß ihr Junge dort im Nachen drinhockt. Schwimmen hab' ich damals noch nicht können. Daß ich dann beim Nachhausekommen regelrecht „verseggelt" wurde, war natürlich kein Wunder. Wie oft haben wir uns die Nachen auch so geschnappt und sind losgefahren – weil wir kein Geld hatten!

Was ja bemerkenswert ist: damals gab's noch keine Kläranlage, sondern nur die geschlossenen Abortgruben. Und wenn die voll waren, liefen sie über und die Abwässer gelangten über den Kanal in die Nagold. Wir haben in der Nagold gebadet, und ich kann

Freizeitvergnügen auf der Nagold (1930er Jahre)

mich nicht erinnern, daß eines von uns Kindern davon krank geworden wäre.

Ein Freibad gab's bloß in Stammheim, und drunten am Turnplatz existierte seit den zwanziger Jahren ein kleines Kinderbädchen.

Most und andere Lebensmittel

Kaufen konnte und mußte man früher nicht so vieles. Die Eier wurden eingelegt, Sauerkraut hatte man im Keller, „Gsälz" auch. Kühlschränke gab's ja noch keine, gekühlt wurde ein Stück Butter in einem Häfele voll Wasser. Zum Frühstück bekam man Haferflocken mit Milch, Kakao oder auch Marmelade, hergestellt aus selbergesammelten Hagebutten. Als Durstlöscher gab es Holunder- oder Himbeersaft.

Von Stammheim und von Althengstett kamen Milchwagen. Diese Tradition des Anliefems hat sich ja im heutigen Getränkehandel fortgesetzt. Den gab's früher nicht. Da wurde allenthalben Most aus eigener Herstellung getrunken. Sprudel hatte man nicht, nur Most. Den Sprudel kauften meist nur die Akademikerfrauen. In ein kleines Fäßchen kam der Süßmost für die Kinder, und in den großen Fässern lagerte der vergorene Most.

In Erinnerung ist mir noch die sogenannte Schafscheuer am „Räpple". Zu dieser Scheuer gehörten auch eine ganze Reihe Obstbäume. Vor der Ernte nun wurde der Ertrag jedes einzelnen Baumes auf dem Rathaus versteigert. Es handelte sich in der Mehrzahl um Mostobstbäume, also Apfel- oder Birnbäume – Tafelobstbäume gab's nur wenige. Wer den Zuschlag erhielt, erntete den Baum ab und brachte die Früchte meistens zum Mosten. Der Stall selber ist von Schafhaltern benützt worden, hauptsächlich im Winter.

Beim Mosten habe ich meine ersten „Geschäfte" gemacht. In der „Biergasse 10" war die Küferei Schad untergebracht. Dort wurde auch gemostet. Ich habe genau gewußt, wer das jeweilige Obst bringt, ob sie vom Metzgergäßle oder vom Haggäßle oder sonstwoher waren. Da sind sie von ganz Calw mit ihren „Leiterwägele" gekommen und haben ihre 4 oder 6 Zentner Äpfel oder Birnen zum Mosten gebracht. Wir Jungen haben den Trester hinausgeschafft auf einen Haufen hinter einer großen Holzbarrikade.

Dort wurde er mit unserer Hilfe eingestampft. Das war sozusagen mein erster Arbeitsplatz. Zum Glück hatte der frisch gepreßte Most noch keinen Alkohol, sonst wären wir schon als Kinder betrunken gewesen.

Und oberhalb vom Schad im Nonnengäßle war der Giebenrath. Wir haben bei dem gemostet, weil das ein Schulkamerad meines Vaters gewesen war. Das waren die zwei Mostereien in Calw.

Da gab's dann im Keller das Faß, das oben offen war, weil der Most „gschafft" hat und sich Alkohol entwickelte. Daneben lagerte ein kleineres Fäßchen mit Süßmost für die Kinder. Und da wurde, wenn die Gärung einsetzte, eine Schwefelschnitte hineingehalten und dadurch der Gärungsprozeß unterbrochen. Dann kam der Spund drauf. Mit einem „Schläuchle" hat man den Most herausgesaugt. Most war das Volksgetränk – von wegen Wein, das gab's nicht für die kleinen Leute, das haben nur ein paar „Große" getrunken. Vielleicht kommt daher der Spruch „Mei oinziger Trooscht isch dr' Mooscht!"

Einmal haben wir Most ausgeliefert und sind dann auf dem Küferwagen die Stuttgarter Straße heruntergefahren! Vorne saß der Albert Beck, die Deichsel zwischen die Beine geklemmt, und hinten sein Bruder Walter an der „Migge" (Handbremse). Unterm Viadukt angelangt, rief der Albert: „Bremsen, bremsen!" Der Walter aber, den wir auch „Eisbär" nannten, hat die Bremse auf- statt zugedreht. Und deshalb ist der Albert voll auf die Sandsteinmauer beim Pfeilsticker draufgerauscht. Wir haben halt sonst auch nichts zum Spielen gehabt.

Mitschaffen

Im Haus Bahnhofstraße 42 mußte ich jeden Samstag die Treppen putzen und in den Büros dort oft beim Abstauben helfen. Kam meine Freundin und wollte mich zum Spielen abholen, dann sagte meine Mutter: „Wenn se gschafft hott, derf se naus!" Und wenn man alles erledigt hatte, bekam man 20 Pfennige. Dafür kaufte ich mir beim Pfannkuch eine Büchse Ölsardinen fürs Abendbrot. Das war dann ein Festessen!

Die Leute hatten ja mehr Kinder als heute. Als ich schon etwas älter war, leistete ich Babysitterdienste. Ich habe gern auf die kleineren Kinder aufgepaßt, aber sie mußten schön in den Kinderwagen gebettet sein. Dann ging ich mit denen spazieren und die Mutter konnte zum Frisör oder Wäsche waschen oder sonst irgendetwas erledigen. Für diese Hilfsdienste bekam ich immer ein paar Brötchen oder ein kleines Vesper. Zum Geburtstag erhielt ich auch etliche Geschenke fürs Kinderhüten. Manch eine Mutter war froh, wenn man so etwas getan hat.

Ich war noch nicht ganz elf Jahre alt, da sagte mein Vater eines Tages zu mir: „Bua, ziag dr Sonntagsanzug aa. Dr Serva suacht an Laufbua." Serva war ein gehobenes Lebensmittelgeschäft mit einer ausgesuchten Ware, also „a bessers G'schäft". Er war so ein großer, dicker Mann mit rotem Gesicht und mußte immer arg schnaufen. Sein Geschäft war in dem Eckhaus, wo es heute ins Parkhaus in der Lederstraße reingeht. Ich stellte mich also bei ihm vor. Karl Serva und seine ledige Schwester, mit der zusammen er das Geschäft umtrieb, erklärten mir, daß ich jeden Nachmittag zu kommen hätte, um eine Stunde lang die Regale aufzufüllen und der Kundschaft, die Bestellungen aufgegeben hatte, die Waren ins Haus zu bringen. Der Monatslohn betrug stolze fünfzehn Mark – das war 1932 viel Geld. Meine Mutter wartete an manchem Monatsersten schon auf diesen Verdienst. Und dann gab's Erlebnisse, die einem bis heute geblieben sind. Der Wirt vom Schützenhaus – da habe ich immer zehn Pfund Kaffee und Lebensmittel im Rucksack hinaufgetragen – gab mir jedesmal 2 Pfennig Trinkgeld. Von der Frau Schmid, der Frau meines späteren Chefs, die einmal im Monat bei Serva soviel einkaufte, daß ich ein „Wägele" brauchte, um die Waren auszufahren, bekam ich jedesmal 50 Pfennig Trinkgeld. Jeden Abend erhielt ich von Karl Serva entweder ein Stückle Käse oder Wurst oder 20 Pfennig – für 20 Pfennig hat man damals zwei rote oder zwei schwarze Würste bekommen. Diese Arbeit habe ich vier Jahre lang neben der Schule her gemacht, bis zu meinem 15. Lebensjahr. Die Tätigkeit hatte später noch einen positiven Effekt: Ich hatte mich nach der Schule als Kaufmannslehrling in der Baumwollspinnerei in Kentheim beworben. Dort war bis dato noch nie ein Volksschüler als Lehrling eingestellt worden. Die Frau Schmid, die Frau des Chefs, kannte mich von meinen Botendiensten beim Herrn Serva. Dieser hatte mich zur Pünktlichkeit erzogen. Wenn ich mittags die Ledergasse hochkam, stand er schon unter der Ladentür mit der Uhr in der Hand, um zu kontrollieren, ob ich auch pünktlich bin. Und die Frau

Schmid wußte ganz genau, daß auf mich hundertprozentig Verlaß war, da sie jahrelang nicht einmal auf mich hat warten müssen. Die sagte also zu ihrem Mann: „Was, der Bua bewirbt sich? Den kannsch nemma. Der isch pünktlich. Auf den isch Verlaß." Und so bin ich als erster Volksschüler Lehrling in diesem Betrieb geworden.

Für manche bedeutete das Heidelbeersammeln eine halbe Einkommensquelle. Es war Schülerarbeit in den Ferien. Für den Erlös bekam man beispielsweise ein Paar neue Schuhe.

Ich seh' auch noch die Kinder einer Familie vor mir, die immer Pfifferlinge sammeln mußten. Das war eine größere Familie mit mehreren Kindern, und das Pilzesammeln war deren Verdienst. Sie haben natürlich nie verraten, wo sie die Pilze gefunden haben.

Heidelbeerschnaps betrachtete man als Medizin. Es gab nur wenig davon, weil man für einen Liter Schnaps einen halben Zentner Heidelbeeren benötigte. Außerordentlich mühsam war es, am „Schafott" oben auf den Knien herumzurutschen.

Samstagmorgens, wenn man von der Schule nach Hause kam, sagte die Mutter: „Du, mr machet an Heidelbeerkuacha." Dann bekam man die Milchkanne in die Hand gedrückt und zog los. Erst wenn die Kanne gefüllt war, durfte man wieder heimkommen.

In der Beerenzeit, wenn es Heidelbeeren oder Himbeeren gab, kaufte unsere Mutter einen Zentner Zucker fürs Einkochen. Den Zentner bekam man billiger als das einzelne Pfund. Das Pfund kostete damals 40 oder 42 Pfennig, im Zentner nur 38 oder 39 Pfennig. Dann ging man in den Wald und sammelte vor allen Dingen Himbeeren, entsprechend der eingekauften Zuckermenge. „Träuble" nahm man auch noch dazu. Wir Kinder gingen in der Regel mit unserer Mutter zum Sammeln, hin und wieder ging man aber auch alleine. Da gab's nun einen kleinen Vers, den man im Sprechgesang gesungen hat: „Juja, mir isch wohl, / han mei Häfele g'hauflich vohl, / g'hauflich vohl ond halbe leer, / wenn i no bei meim Haus wär. / Ischt a buggelichs Maale komma, / hott mr meine Beera g'nomma, / ei, do schlag dr Guggug drei / en des buggelich Maale nei." Dieses Versle sangen wir beim Beerensammeln im Wald. Man freute sich natürlich, wenn man sein „Häfele" voll hatte und in einen größeren Eimer ausleeren durfte. Heidelbeeren sammelte ich nicht so gerne, weil die so weit unten am Boden wachsen.

*Vorführung bei der Weihnachtsfeier des „Reichsbundes für Leibesübungen"
(1937)*

Organisiertes Zusammensein

Unsere Freizeit, soweit wirklich Freizeit da war, hat die Hitlerjugend gestaltet. Es wurden Geländespiele organisiert, oder man hat zum Beispiel auf dem Brühl Sport getrieben. Es war ja noch kein Parkplatz, sondern dort standen nebendran einige Kastanienbäume. Das war eigentlich unser erster Fußballplatz. Eine mit Sand gefüllte Sprunggrube für den Weitsprung war auch vorhanden.

Zuerst hatte es die „Scharnhorst-Jugend" gegeben, bei denen war ich auch. Das war die Jugendorganisation des „Stahlhelm". Diese wurde 1933 in die Hitlerjugend überführt. Wir Mädchen trugen schöne blaue Kleidchen und eine Silberkette. Königin Luises Lieblingsblume war das Kornblümchen, weshalb man uns entsprechend „Kornblümchen" nannte. Der Stahlhelm, also wohlhabende Offiziere wie der Reichmann und andere, hatten an Ostern einen Waldspaziergang organisiert. Unterwegs hieß es dann plötzlich, wir sollten den Osterhasen suchen. Wunderbare Osternester waren dort versteckt. Die waren von den Reichen gespendet worden. Und wir durften sie dann mit nach Hause nehmen. Nach der Übernahme in die Hitlerjugend durften wir unsere schönen blauen Kleidchen, auf die wir so stolz gewesen waren, nicht mehr anziehen.

Wegen meiner guten sportlichen Leistungen durfte ich nach Berlin auf die Reichssportschule – sogar als Volksschülerin. Ich wäre genommen worden, aber da kam der Kriegsausbruch dazwischen, und mein Vater ließ es nicht zu. Als ich nach dem vierwöchigen Aufenthalt in der Reichssportschule in Berlin und in Ostpreußen wieder nach Calw zurückkam, mußte ich das Kinderturnen übernehmen. Ich hatte 56 Kinder im Alter von drei bis vierzehn Jahren zu betreuen. Und das habe ich wohl so gut gemacht, daß bei der Trude Sannwald, welche das Turnen für die Reichen abhielt, immer mehr absprangen und zu mir wechselten. Diese beschwerte sich, und das ging dann bis nach Berlin. Ich ließ die Turnkinder gerne „Jagdbomber" und „Stuka" spielen, die Mädchen durften die „Jagdbomber" sein und die Jungen die „Stukas". Mit ausgebreiteten Armen liefen sie dann im Kreis herum. Auf den Befehl „Fliegerlandung" haben sich alle auf den Boden gelegt und waren mucksmäuschenstill. Danach wurden dann die Rollen vertauscht. Plötzlich standen eines Tages vier Fremde in der Turnhalle. Auf meine Bitte, die Halle zu verlassen, wurde mir entgegnet, sie seien hergekommen, um mir zuzuschauen. Ich sollte also kontrolliert werden. Man hielt mir vor, ich hätte die Kinder nicht im Griff, weil die natürlich zwischenzeitlich herumgrölten. Da ließ ich die Kinder wieder „Jagdbomber" und „Stuka" spielen, und danach waren sie so müde, daß ich gut mit ihnen turnen konnte. So hatte ich sie unter Kontrolle. Weil das wohl nicht angehen konnte, daß der Turnverein seine Sache besser machte als ein Gymnastik-Club, wurde also von höchster Stelle diese Delegation nach Calw geschickt.

Die drei Superwettkämpfe gingen von der HJ aus, wurden aber von der Schule durchgeführt. Da gab's die Siegernadeln in Gold, Silber und Bronze. Da hieß es dann auch einmal: Du kriegst nicht das erste Abzeichen, sondern nur das bronzene. Da hab' ich dieses Abzeichen ganz langsam von meiner Kletterweste weggemacht und der Carola Busch von Hirsau vor die Füße geworfen. Das war ein „Staatsverbrechen"! Auch der Aufforderung, die Nadel aufzuheben, kam ich nicht nach. „Böse Folgen" wurden mir danach angedroht. Der Bannführer Waidelich wohnte bei uns im Haus. Bei dem intervenierte mein Vater, und mein Verhalten blieb folgenlos.

Die andern hatten die Abzeichen aufgehoben, ich trug meines aber nie. Das einzige, das ich mir anheftete, war das Leistungsabzeichen des Turnvereins mit dem Hakenkreuz drauf. Später hab' ich das Hakenkreuz mit einem Messer herausgeschliffen.

Kleidung

Die weiß-blauen Matrosenanzüge oder -kleidchen haben so gezwickt, daß man sich nicht wohl drin fühlte. Das war die Sonntagskleidung. Werktags gab's die Ausführung in Dunkelblau, da hat man den Schmutz nicht so gesehen. War dann einmal das „Häs" an den Ellbogen oder Knien kaputt, so wurde ein Stück draufgestrickt. Das Angestrickte hat auch wieder gezwickt. Oder die Kleidung wurde verlängert, damit sie länger getragen werden konnte. Die Matrosenanzüge wurden hauptsächlich zum Spazierengehen angezogen. Zum Fangerles-Spielen auf der Straße mußten wir uns wieder umziehen.

Weil ich so fleißig die Kinder anderer Leute hütete, durfte ich mir dann einmal etwas Besonderes wünschen. Aus einem Katalog suchte ich mir ein helles Strickjäckchen aus. Als ich das bekam, war ich selig. Das war halt etwas ganz anderes als dieses Matrosenkleidle.

In die Schule mußte man sauber angezogen gehen. Die Schulkleider wurden aber zu Hause wieder ausgezogen. Dann gab's auch die „Fuhrmannskittel": blaue, rote und grüne mit Stehkrägelchen. Die Mädchen hatten auch Schürzchen umgebunden. Ich trug Zopfmaschen immer in

Gelegenheit zum Verkleiden: Trachten-Kinder am 1. Mai 1938

der meinen Kleidchen entsprechenden Farbe. Wenn ich also ein rotes Kleid anhatte, war die Zopfmasche rot, oder bei einem blauen Kleid blau. Bei den Eisenbahnern – mein Vater war bei der Bahn beschäftigt – hat's dann immer geheißen: „Des kann bloß dr Albert machen, der wohnt in der Uhlandstroß ond net em Krabba" (Im Krappen).

Es war tatsächlich so: an den Kleidern konnte man erkennen, wer wohin gehörte! Ehrenkäsig war man ja schon. Jeder wollte am schönsten angezogen sein. Und man hat geguckt: Ah, dessen Vater ist Beamter! Neidisch war man auf die, die mehr hatten. Die armen Leute wohnten unten in der Insel. Mit denen haben wir schon von vornherein nicht gespielt!

Wenn meine Tante aus Straßburg, die was „Besseres" war, zu Besuch kam, mußten wir sparen – sowohl vorher als auch nachher. Da wurde morgens schon Wein getrunken. Das hat's ja bei uns sonst nicht gegeben. Nachdem die Tante wieder nach Straßburg chauffiert worden war, sagte mein Vater zu meiner Mutter: „Weib, hemmer no a paar Mark uff dr Seit?" „Jo, mr henn no a paar!" war die Antwort. Hatten wir dann wieder ein bißchen was zusammengespart, stand der Besuch abermals vor der Tür. Einmal brachte meine Tante so schöne rote Rohrstiefelchen für mich mit – wunderschöne Stiefelchen! Ich sagte zu ihr: „O, Dande, so rote Stiefele kann mer bei ons in Calw net aziaga!" Und dabei hatte sie mir doch eine Riesenfreude bereiten wollen. Da sagte sie zu mir: „'s näggschde Mol breng i dir braune mit!"

Rode Wurscht ond Kemmichkiachle

Feste, Feiern, Märkte

Kinderfeste

Meine Erinnerung an die Kinderfeste ist nur noch schwach. Da waren wir also noch in den ersten Klassen in der Grundschule. Ich kann mich halt noch erinnern an den Brühl und den „Badischen Hof" – da unten, wo jetzt der Parkplatz ist. Lauter schöne Bäume hatten dort gestanden. Das war ein Sandplatz mit einigen Bänken für die älteren Herrschaften. Er diente auch als Turnplatz. Dort fanden die Kinderfeste mit den noch ganz alten Karussells statt.

Der Festzug nahm in der Altburger Straße Aufstellung und ist dann durch Calw gezogen. Das hat insofern mit der Schule zu tun, als in der Schule – das wurde auch nach dem Krieg noch eine Weile so gehandhabt – die Verkleidung oder die Themen ausgedacht und umgesetzt wurden. Und dann sind die Klassen immer als Gruppen mitmarschiert. Mit der Musik voraus ging's durch die ganze Stadt und runter zum Brühl. Dort gab's auch die Kletterstangen, an deren oberem Ende ein Ring befestigt war, an dem Preise aufgehängt waren: Wer es bis nach oben schaffte, durfte sich was davon abreißen.

Jedes Kind hat eine rote Wurst und ein „Kemmichkiachle" – das waren runde weiße Wecken aus Mürbeteig mit Kümmel und Salz obendrauf – bekommen. Und dreimal durfte man Karussell fahren. Die Gutscheine hat die Stadt jedes Jahr allen Kindern gestiftet. Das ging noch bis in die 60er Jahre, und auf einmal hat's aufgehört.

Einmal blies während des Kinderfestumzugs so ein Sturm, daß beim Hermann-Hesse-Haus ein Fensterladen herunterfiel – aber haarscharf neben uns runter. Da war alles vollgestanden, ganz Calw war ja unterwegs. Gemeinsam ist man auf den Brühl hinunter, und dort wurde dann gefeiert. Das war eine schöne Sache!

Die Feste fanden im Spätsommer oder Herbst statt. Die Leute saßen auf den Bänken, während die Kinder Karussell fahren durften. Und wenn der Vater kein Geld mehr hatte, mußte man halt zugucken. Bis vielleicht ein Onkel gekommen ist, der dann gesagt hat: „Komm, darfsch Karussell fahra!"

Kinderfest-Umzug bei der Eisenbahnbrücke (1933)

Ich bin im Biergäßle aufgewachsen und in jedem Haus gehockt – beim Mittagessen oder beim Abendessen. Allerdings nicht bloß beim Essen, ich hab' auch geschafft. Bei jedem habe ich ausgeholfen – ob's beim Bäcker Frank oder bei Vogts gewesen ist, überall. Dafür hat man meistens ein „Zehnerle" gekriegt. So habe ich also schon acht Tage vorher gesammelt und dann am Kinderfest „a schöns Geld" gehabt.

Konfirmation

Die Konfirmationsfeiern fanden zu unserer Zeit meistens zu Hause statt. In Stammheim oben gab's einen Konditor, der schöne große Torten herstellte. Dorthin fuhr man mit dem „Wägele", bestellte vielleicht drei Torten, die man dann auch etwas günstiger bekam. Anschließend kehrte man mit dem „Wägele" wieder heim, und am nächsten Tag wurde die Konfirmationsfeier abgehalten.

Meine Konfirmation wurde in der „Alten Post" gefeiert. Allerdings wurde mit mir auch mein Vetter konfirmiert. Die Feiern wurden deshalb zu einer zusammengelegt. So etwas machte man auch, wenn zwei Kinder einer Familie nur ein Jahr auseinander waren. Dann wurden die auch zusammen konfirmiert und es gab – des Geldes wegen – nur eine Feier. Meistens wurde das jüngere Kind mit dem älteren konfirmiert.

1945, als ich konfirmiert wurde, hat's ja nicht viel gegeben. Entweder man bekam vom Elektrogeschäft eine Taschenlampe oder vom Handwerker ein Handtuch geschenkt – lauter praktische Artikel.

Ins Konfirmationsbüchlein wurde eingetragen, welche Geschenke man von wem erhalten hatte. Das geschah, damit man's bei passender Gelegenheit wieder wettmachen konnte. Das gibt's auch heute noch: Wenn eine Beerdigung stattfindet und man erhält Geld, dann notiert man sich das. Wenn dann später jemand von den Geldgebern stirbt, weiß man, wieviel man geben sollte.

Umzüge

In unserer Jugend fand, wenn jemand verstorben war, die Aussegnung noch im Wohnhaus statt, und dann ist der Leichenzug vom Trauerhaus zum Kirchhof marschiert. Der Sarg war auf einem schwarz lackierten Wagen aufgebahrt, welcher von mit Trauerflor geschmückten Pferden gezogen wurde. Es gab in Calw praktisch Beerdigungen erster, zweiter und dritter Klasse. Wurde vom Turm geblasen, so wußte man, daß ein Mitglied der Calwer Oberschicht gestorben ist. Gegen Bezahlung wurde mittags und abends bis zum Tag der Beerdigung ein Choral vom Turm herab gespielt.

In unserer Jugendzeit gab es in Calw das Fackeln, „'s Fackla". Angeblich sollte das Fackeln an die Zerstörung durch den Stadtbrand im Jahr 1692 erinnern. Einmal im Jahr stellte man selber Fackeln her. Ein Stück Holzstamm wurde aufgespalten, oben kam etwas Holzwolle rein, und das wurde dann mit einem Draht zugebunden. Beim Reichert konnte man später auch fertige Fackeln kaufen. Ein großes Feuer wurde auf dem „Hohen Felsen" oberhalb der Conz-Straße entfacht, von dort aus bewegte sich der Fackelzug zum Brühl. Dort angekommen, wurden alle Fackeln auf einen Haufen geworfen und abgebrannt. Die Kinder marschierten mit Lampions mit. Dieser Umzug fand immer Ende September während des Herbstmarktes statt. Im Krieg gab's diesen Brauch wegen des Verdunkelungsgebots nicht mehr, und nach dem Krieg lebte er nicht wieder auf. Da hatte man wohl auch genug vom Fackeln und von Fackelzügen.

Marktgeschehen

Mittwochs und samstags war immer Markt, und viermal im Jahr fanden Krämermärkte statt. Das Rathaus steht auf Arkaden, damit die Bäcker und Metzger auch bei regnerischem Wetter ihre Erzeugnisse anbieten konnten. Während des Krieges wurde das Markthalten eingestellt. Es gab ja alles auf Lebensmittelmarken.

Vier Krämermärkte gab's: im Frühjahr, im März den Konfirmandenmarkt, im Juni den Kirschenmarkt, dann den Herbstmarkt und vor Weihnachten, am zweiten Mittwoch im Dezember, den Nikolausmarkt, im Volksmund „Kloosmärkt" genannt. In Calw kam der Nikolaus also nicht am 6. Dezember, sondern am Abend des Nikolausmarkttages.

Ach, was war das für ein Betrieb auf dem „Kloosmärkt"! Ende der zwanziger Jahre gab's Marktstände auf der Nikolausbrücke, ein Stück die Bahnhofstraße auf beiden Seiten hinaus und auch ein Stück sogar noch „dr Bischof nonder", außerdem die Altburgerstraße hoch und ins Biergäßle und ins Nonnengäßle hinein. Auch die Badgasse war fast bis zur Schule hinaus mit Ständen bestückt.

Marktstände unter den Rathausarkaden

Als Kinder sind wir zuerst auf den Markt. Da hat man von dem ein paar Zehner und von jenem ein paar Zehner bekommen. Wir Mädchen haben halt „G'schirrle" für die Puppenküche gekauft. Bei Einbruch der Dunkelheit sind wir dann zu den Spielwarenläden gezogen, so zum Beispiel zu Stübers in die Biergasse. Dort standen wir voller Verlangen, ob wir denn auch was von den schönen Spielsachen zu Weihnachten bekommen würden. Da waren Burgen und Eisenbahnen ausgestellt, ein Schaufenster war mit schönen Puppen und Puppenstuben dekoriert.

Und dann ging auf einmal ein Gerassel und ein Geschrei los: Die ersten „Pelzmärte" waren unterwegs. Da rannten wir aber schnell nach Hause, damit uns ja keiner erwischte. Ich versteckte mich hinter meines Vaters Hobelbank, wo es so eng war, daß nie ein Erwachsener hätte dorthin kommen können.

Der Nikolaus kommt

Außer dem Nikolaus, der in die Familien kam und der oft vom Vater oder einem Bekannten gemimt wurde, gab's bei uns in Hirsau auch sogenannte „Bettelnikoläuse". Das waren Kinder ärmerer Leute, die als „Pelzmärte" verkleidet in die Häuser kamen, wo sie mit Backwerk, Äpfeln und Nüssen beschenkt wurden. Als ich in der zweiten oder dritten Klasse der Volksschule war, kam in der Pause ein Junge zu mir her und sagte: „Baß no uff, heit obend kommt dr Nikolaus zu dir, ond der steckt di aber en Sack nei!" Ich konnte mir also denken, daß dieser Achtkläßler als Nikolaus verkleidet kommen und mich tatsächlich in den Sack stecken wollte. Das beste sei, so dachte ich, ein Taschenmesser im Hosensack mitzunehmen. Im Falle eines Falles hätte ich dann den Sack aufschlitzen können und wäre wieder frei gewesen. Zu Hause angekommen, steckte ich sofort ein Taschenmesser ein. Abends polterten drei Nikoläuse die Treppe herauf und betraten die Wohnstube. Ich erkannte gleich den kräftigen Schüler, der mich morgens angesprochen hatte und jetzt das große Wort führte: „Di nemm i mit, di nemm i mit, du kommsch en mein Sack nei!" sagte er immer wieder und versuchte, mich zu packen. Doch ich versteckte mich hinter dem Rücken meiner Mutter, die den Nikolaus ermahnte, mich doch in Ruhe zu lassen. Das tat er schließlich auch, und ich war froh, daß ich das Messer nicht gebrauchen mußte.

Ja, so war's früher, da hat man uns gedroht: „Du kommsch en Sack nei!" Wenn dann der Nikolaus kam, steckte im Sack eine Stoffpuppe und aus dem Sack ragte ein Fuß mit Schuh daran. So hat man uns als Kindern Angst gemacht! Ganz gesittet und fromm mußte man dann dastehen und ein Gedicht aufsagen.

Einmal hatte sich meine Schwester verkleidet und spielte den Nikolaus. Ich saß ganz brav auf dem Tisch, und der Nikolaus schimpfte mich aus, was ich denn so alles wieder angestellt hätte. Mir war aufgefallen, daß meine Schwester so plötzlich verschwunden war und der Nikolaus ihre Stimme besaß. Da wurde ich zornig, zog ihr die Kapuze und alles andere herunter. Von da an glaubte ich an keinen Nikolaus mehr!

Einmal haben wir an Weihnachten den Nikolaus und das Christkind gespielt. Ich war „'s Chrischtkendle", dem meine Mutter ihren Brautschleier und einen alten weißen Vorhang umgehängt hatte. Meine Freundin spielte den Nikolaus. Und mein Vater hatte ihr den Bart mit Schreinerleim festgeklebt. Die Mutter dieses Mädchens erzählte später: „Au, dia hott bös g'schriea bis der Bart wieder weg war!"

Jedes hott zwoi Datze kriagt – ganz durch!

Schulzeit

Draußen in der Badstraße war die Volksschule zu klein geworden, das Gebäude wurde erneuert, und solange wich man hierher in die alte Lateinschule aus. In der 7. Klasse bekamen wir einmal einen neuen Lehrer. Er war wohl bekannt, war angeblich auch schon einmal in der Schule gewesen. Wir Schüler kannten ihn noch nicht und spielten derweil „Fangerles": die Salzgasse hinauf, an der Schule wieder herunter und übern Marktplatz, so im Viereck. Ich war die erste, die zurückkam. Jetzt stand da ein Herr an der Tür, und ich dachte: Bisch's oder bisch's net? Ich ging ganz vorsichtig zu ihm hin, und er fragte mich: „Wer bischt du denn?" Darauf antwortete ich: „Ja, i ben hier en dr Schul!" Dann sagte er: „Und wo isch dein Lehrer?" Ich erwiderte: „Der isch no ned do! – „Ha, des täuscht aber", meinte er, „des bin nämlich i!" – „Oh" bemerkte ich, „des han i mir halber denkt, dorom bin i au komma!" Dann wollte er wissen, wo die anderen Schüler seien. Da sagte ich: „Do kommt jetzt glei älles, oins oms andere, om d' Eck!" Daraufhin bat er mich, ich solle die anderen holen und ihnen mitteilen, der Lehrer sei schon da.

Wir waren für ein Jahr in der alten Lateinschule untergebracht. In der ersten Stunde hätten wir eigentlich Religionsunterricht gehabt. Der Vikar, der nebenan im Pfarrhaus wohnte, hatte aber offensichtlich verschlafen. Das ist dem öfter passiert. Ein Schüler mußte deshalb Wache stehen und aufpassen. Wenn der Vikar dann sein Waschwasser zum Fenster hinauskippte, wußten wir: Aha, jetzt kommt er bald! An diesem Tag jedoch kam er nicht. Da wir ohne Aufsicht waren, lärmten wir in dieser Stunde ziemlich herum. In der zweiten Stunde erschien dann unser Lehrer, der Herr Wiesmeyer. Von oben kam die Frau Pfetsch, die im Stockwerk darüber wohnte, herunter. Wenn so etwas noch einmal vorkäme, sagte sie, dann würde sie ausziehen. Wir hätten ja fast das Haus abgebrochen, so hätten wir umgetrieben. Der Herr Wiesmeyer kam in die Klasse und befahl: „Fenster zu! Erster raus!" Die Buben mußten nacheinander nach vorne und sich über den Tisch beugen. Unser Lehrer hatte zwei Tatzenstöcke verbraucht, bis er allen den Hosen-

Die achte Klasse der Volksschule (Jahrgang 1921/22) mit Lehrer Wiesmeyer (vorne links) kurz vor der Schulentlassung (1936)

boden versohlt hatte. Vier bis sechs Hiebe bekam jeder. Danach mußten die Bestraften ziemlich heulen. Dann ging er nach draußen und trocknete sich die Stirn ab. Nachdem er wieder im Klassenzimmer war, hat einer der Jungen die Hand hochgestreckt und gesagt: „Herr Wiesmeyer, dia Mädle hend ons ausglacht!" „So, isch des wahr?" fragte er. Da haben wir Mädchen natürlich gleich wieder gelacht. „'s isch recht. Erste raus!" befahl er, und weil ich ganz vorne saß, kam ich als erste dran. Jedes „hott zwoi Datze kriagt" – ganz durch, zack! Bei mir ging sogar der Fingerring, den ich getragen hatte, dabei kaputt. In der Zwischenzeit war eine ganze Unterrichtsstunde vergangen. So wurde damals gestraft!

Und vierzehn Tage später haben wir noch mal gekriegt. Es gab da eine stadtbekannte „Dame" in Calw, und der haben einige aus unserer Klasse nachgerufen, worauf diese in die Schule gesaust kam. Das sei seine Schule und sein Raum, und den dürfe sie nicht betreten, erklärte ihr unser Lehrer. Sie klopfte, und er ging dann hinaus. Nachdem sie ziemlich „gegilft" und geschrien hatte, wurde sie hinauskomplimentiert. Der Lehrer hatte ihr allerdings versprochen, er würde seine Schüler fragen und sie auch dementsprechend bestrafen. Da sagte sie, sie wolle das aber sehen. Nein, das gäbe es nicht, denn er sei der Lehrer. Er wartete, bis die Dame das Haus verlassen hatte. Er fragte uns, und wir erzählten ihm, was vorgefallen war – und haben nochmals Hiebe bekommen!

Das war also in der achten Klasse. Der Herr Wiesmeyer hat mir diese Foto-Karte geschenkt und hinten sogar noch eine kurze Widmung draufgeschrieben. Wir zählten 62 Kinder in einer Klasse. Es waren viel mehr Buben, denn für die Mädchen gab's zwischen Volksschule und Gymnasium eine sogenannte „Mädchen-Mittelschule". Aus unserer Klasse ging die Hälfte der Mädchen in diese Schule, die andere Hälfte blieb in der Volksschule. Zweiundsechzig Kinder und ein Lehrer, der nicht nur einen, sondern zwei „Tatzenstecken" besaß. In der Schule herrschte absolute Ruhe, und wenn bloß einer einmal dabei erwischt worden ist, wie er zum Nachbar etwas gesagt hat: Raus – eine Tatze, zwei Tatzen, es konnten auch mal vier verabreicht werden! Und für ganz besondere Fälle gab's das, wozu man „Hosenspannes" gesagt hat: Man wurde über den Tisch gelegt, die Hosen wurden straff gezogen, das Hinterteil versohlt.

Es war alles viel strenger zu unserer Zeit. Wenn man in der Schule zwei Tatzen erhielt, hatte man fürchterlich Angst, daß es der Vater erfährt. Denn dann hätte man zu Hause von ihm auch nochmal Hiebe erhalten. Und das, ohne daß er sich erkundigt hätte, wofür man überhaupt die Tatzen in der Schule bekommen hatte. Es mag im Vergleich zu heute extrem streng gewesen sein in der Schule. Aber was wir gelernt haben als Kinder, das ist uns geblieben bis heute.

Da war man mucksmäuschenstill in der Schule. Als mir der Lehrer einmal Tatzen verabreichte und dabei meinen Ring kaputtschlug, war mein größtes Problem: Wie bringst du das jetzt der Mutter bei?

In der Schule wurde auch auf Sauberkeit geachtet. Montagmorgens mußten alle dastehen und ihre Finger vorzeigen. Das war besonders für die Fingernägelkauer peinlich. Und ein frisches Taschentuch mußte man dabeihaben. Unbedingt zu vermeiden waren Tintenflecke im Heft und Eselsohren in Heften oder Büchern – sonst gab's Tatzen! Die wurden auch verabreicht, wenn man auffiel, durch unpassendes Lachen zum Beispiel.

Also ich bin Linkshänder. Und der Herr Heck, unser Lehrer in der ersten Klasse, erklärte mir, daß, wenn ich mit links schreibe, ich nicht sehen könne, was ich geschrieben habe, mit rechts aber wohl. Das leuchtete mir ein. Ich lernte also das Schreiben mit der rechten Hand. Heute noch bin ich Linkshänder, schreibe aber mit rechts.

Ich bin 1952 geboren und 1958 eingeschult worden. Also bei uns war es die ganze Schulzeit über auch noch sehr streng. Beim Schreibenlernen gab's die „schöne" Hand und die „wüschte" Hand. Ich war Linkshänderin und erhielt über ein Jahr lang jeden Tag Schläge deswegen. Nie hätte ich mich getraut, davon etwas daheim zu erzählen, weil ich mich schuldig fühlte.

Beim Lehrer Wiesmeyer gab's folgende wöchentliche Zeremonie: Montagmorgens sind wir im Schweigemarsch in den Stadtgarten hinüber, haben einen großen Kreis gebildet und ein Lied gesungen miteinander. Es haben sich alle die Hände gegeben, „Guten Morgen" gewünscht, und dann ist man im Schweigemarsch wieder zurück, und der Schulbetrieb ging los.

Wir hatten einige Schwache in der Klasse, weshalb es uns langweilig wurde. Im Unterricht wurde sehr vieles immer wiederholt. Eines Tages baten wir unsern Lehrer: „Herr Wiesmeyer, könned Sie ned an die Tafel a schöne Landkart hänga?" „Warum?" „Ha, mir möchtet die Landkart aaschaua." Er vermutete aber, daß da etwas dahintersteckte, hat dann aber tatsächlich die Landkarte aufgezogen, und wir haben mit der Zeit die ganze Deutschlandkarte auswendig gelernt. Irgendwann fragte er: „Was machet Ihr do eigentlich?" Da haben wir gesagt: „Herr Wiesmeyer, könntet Sie jetzt bitte d' Europakart' aufhänga? Die do kennamer jetzt!" Dann sagte er: „Ha, wieso?" Und dann hat er uns tatsächlich geprüft. Wir vier mußten nach vorne kommen, bekamen den „Tatzenstecken" in die Hand, und er fragte: „Wo ist der größte Berg? Wo ist die größte Stadt?" Wir mußten draufzeigen und haben alles gewußt! Danach hängte er dann die Europakarte auf.

Was mir auffällt, da ich einige Enkelkinder in der Schule habe: Wir haben in der Schule viel mehr auswendig gelernt – auch Gedichte zum Beispiel. Gedichte, die man heute noch kann, vom Anfang bis zum Ende. Als Achtkläßler führten wir zum Schulabgang im „Badischen Hof" auf der Bühne den zweiten Akt vom „Wilhelm Tell" auf: „Der Bergweg öffnet sich, nur frisch mir nach, den Fels erkenn' ich und das Kreuzlein drauf. Wir sind am Ziel, hier ist das Rüetli." So haben wir das gespielt, und am Schluß ist die ganze Klasse auf der Bühne zusammengestanden und hat rezitiert: „Wir wollen sein ein einzig Volk von Brüdern, in keiner Not uns trennen und Gefahr. Wir wollen frei sein, wie die Väter waren, eher den Tod, als in der Knechtschaft leben. Wir wollen trauen auf den höchsten Gott und uns nicht fürchten vor der Macht der Menschen." Das war für uns Kinder – das haben wir erst später kapiert – ein Gewinn, daß wir solche Sachen auswendig gelernt haben.

Das Auswendiglernen hat mir im späteren Leben soviel geholfen. Ich habe zum Beispiel im Großhandel gearbeitet, mußte über 3500 Artikel kennen – die hatte ich alle auswendig im Kopf, nicht nur die Nummern, sondern auch um was es sich handelt. Für mich war's ein Vorteil und für die anderen natürlich auch.

Einmal mußten wir ein Gedicht aufsagen, hatten aber nicht alle Verse gelernt. Wir konnten nur ein „Lompaliadle" aufsagen: „Zu Dionys, dem Tyrannen, / schlich Damon, den Dolch im Gewande. / Was wolltest du mit dem Dolche, schwätz, / elender liedricher Lompefetz? / Schleifa han en wella lao, / des wird di an Dreck agao!" Bis zum nächsten Tag mußten wir alle Verse lernen. Draußen im Wiesenweg im Wald, da gab es Felsen; dort setzten wir uns hin und lernten zusammen das Gedicht. Und „onser Wiesmey-

„Schulerbuben" auf dem Heimweg durch die Badgasse (um 1932)

er" stand unten und hat zugehört. Als wir am andern Tag in die Schule kamen, mußte das Gedicht aufgesagt werden: erster Vers, zweiter Vers, dritter Vers, vierter Vers – quer durch die Reihen. Da meuterte einer der Jungen: „Herr Lehrer, die Mädle, die froged se gar ned?!" „Dia kenneds", meinte Herr Wiesmeyer. „Des wissed Sie doch ned!" – „Doch, dia send gestern em Wald drauße gsessa ond hend glernt!"

Wir unternahmen früher auch ein- bis zweimal im Jahr sogenannte „Lerngänge": Die ganze Gegend haben wir uns erlaufen, alle Waldwege hat man gekannt. Als Verpflegung hatte man immer einen Sprudel und eine geräuchte Wurst, den sogenannten „Peitschenstecken", mit dabei.

Ich war in Calw in der Volksschule, 1936 wurde ich mit 6 Jahren eingeschult. Ich hab's natürlich deshalb ganz schwer gehabt, weil niemand bemerkte, daß ich schlecht sehe. In der vordersten Reihe bin ich gesessen und habe nicht bis zur Tafel gesehen. Dementsprechend waren auch meine Leistungen. Ich habe halt beim Nachbarn abgeschrieben, und dann hat's natürlich Tatzen gegeben. Ich bekam also ziemlich oft Schläge in der Schule. Die anderen haben mich auch gehänselt, weil ich nicht gut sehen konnte. Das ging so bis zur vierten Klasse. Dann ist mir das zu dumm geworden. Ich schwänzte einfach die Schule. Das ging ein paarmal gut. Einige Jungen aus meiner Klasse erhielten einmal den Auftrag, mich zu holen. Sie erwischten mich schließlich im Stadtgarten. Die muß ich jedoch derart verprügelt haben, daß sie zurück in die Schule sind und dies gemeldet haben. Mein Vater mußte daraufhin zum Rektor in die Schule kommen. Der meinte, man solle mal zum Augenarzt mit mir. Im April 1940 wurde ich zum Augenarzt nach Pforzheim gebracht. Als dieser mich untersucht hatte, sprang er auf und rief: „Um Gotteshimmelswillen, was macht der Junge denn in der Volksschule? Der muß sofort in die Blindenschule!" Und am 2. Mai 1940, das sehe ich noch wie heute, wurde ich in die Blindenschule nach Stuttgart eingeliefert.

Die Kinder der reicheren Familien kamen alle in die Oberschule, die waren wohl automatisch gescheiter. Es gab Lehrer, die sagten: „Ich kann nicht alle in die Oberschule rüber tun, ihr seid alle gleich gut. Aber ein paar müssen dableiben, sonst ist die Oberschule überfüllt." Mein Vater wollte sich damit nicht abfinden und ist zum Rektor gegangen. Dieser meinte dann, ich müßte mindestens in die Mittelschule gehen. Da dies unterm Jahr aber nicht möglich war, hätte ich sollen die fünfte Klasse noch beenden und dann wechseln. Da wurde mein Vater wütend: „Was glaubet dia, no hoißt's en ganz Calw: Die isch sitzablieba!" Und so mußte ich in der Volksschule bleiben. Das geht mir heute noch nach, diese Ungerechtigkeit, daß man sich immer sagen lassen mußte: „Du warst ja bloß in der Volksschule!"

Mit 14 bin ich aus der Schule gekommen. Danach besuchte ich die Frauenarbeitsschule, um nähen und bügeln zu lernen. Mein Vater meinte nämlich: „A Stöffle kannsch dr emmer kaufa, dorom kommsch en d' Frauaarbeitsschul." Da mußte man Schulgeld bezahlen. Und es haben sich dann auch wieder welche gewundert: „Warum darf die denn in die Frauenarbeitsschule?" Das war doch ein bißchen was Höheres.

In der Zeit, als das Dritte Reich immer mehr in die Schule eingedrungen ist, wurde 1935 ein Direktor im Gymnasium eingesetzt, der wegen seiner Parteizugehörigkeit diese Stelle bekommen hatte. Als strammer Nationalsozialist versuchte dieser, die nationalsozialistische Weltanschauung deutlich zu machen und hervorzuheben. Ein Beispiel: als Karl der Große in der vierten Klasse im Geschichtsunterricht behandelt wurde, kam eines Tages der Direktor zum „Zuhören". Der Lehrer erzählte allerhand von Karl dem Großen. Plötzlich stand der Direktor auf und sagte: „Das ist nicht Karl der Große, sondern Karl der Sachsenschlächter!" Als der Lehrer sich dagegen verwahren und Karl dem Großen auch gute Taten zubilligen wollte, sagte er: „Nein, das ist Karl der Sachsenschlächter, und das bleibt er auch! Er hat 4500 Sachsen ermorden lassen, und das ist eine Untat, die durch nichts anderes aufgehoben werden kann!" Ich hab' mir später überlegt, was dieser Direktor wohl in den Jahren nach 1940 gesagt hat, denn damals war folgende Sprachregelung getroffen worden: Karl der Große sei durchaus ein Vorbild für Hitler und für das Deutsche Reich als die Ordnungsmacht in Europa. Also: 1935 war Karl der Große noch der Sachsenschlächter und fünf Jahre später ein Vorbild, dem sogar Hitler nachstrebte. Das waren Dinge, die einem aufgefallen sind.

Als der „deutsche Gruß" eingeführt wurde, so daß der Lehrer sowohl zu Beginn des Unterrichts als auch zum Abschluß mit erhobener Hand grüßen und „Heil Hitler" sagen mußte, da konnte man schon an der Art und Weise, wie dieser Gruß ausgeführt wurde, die jeweilige Einstellung der Lehrer erkennen. Der stramme SA-Mann grüßte natürlich recht zackig, der Direktor selber hat's – Hitler imitierend – ein bißchen lässiger gemacht. Was dagegen sah man bei Studienrat Schiler, wenn er in den Physiksaal kam? Er hob, während er „Heil Hitler" murmelte, mit abgewinkeltem Arm die Hand und führte diese mit einem Schlag nach unten – da konnte man sich schon denken, daß er damit meinte: So ein Mist, so ein Dreck! Er war ein Gegner des Nationalsozialismus. Dies alles konnte man an der Ausführung des deutschen Grußes ablesen!

Als den evangelischen Pfarrern um 1935/36 die Lehrerlaubnis für den Religionsunterricht entzogen wurde, gab es den sogenannten nationalpolitischen Unterricht. Diesen hielt der Stadtpfarrer von Bad Liebenzell, der zeitweise kommissarischer Dekan in Calw war, weil der Dekan während des Kirchenkampfes eine Zeitlang abgesetzt worden war. Der Stadtpfarrer las etwa vor aus Erwin Rommels Buch „Infanterie greift an" oder aus Conrad Ferdinand Meyers „Huttens letzte Tage". In der sechsten Klasse übernahm dann der Direktor selber diesen nationalpolitischen Unterricht. Von ihm war bekannt, daß er gern ein bißchen getrunken hat. So kam er oft müde in den Unterricht. Begleitet durch sein Gähnen hat eine Unterrichtsstunde etwa so angefangen: „Waas haaben wir das letschte Maal gehabt? Wir haben einen Spruch aus der Edda durchgenommen! Weer kann ihn mir noch hersaagen? Niemand!? Das ischt aber traurig! Das ischt doch so ein schöner Spruch. Ich läse ihn nochmal vor: ‚Besitz stirbt, Sippen sterben, du selbscht stirbscht wie sie. Aber eines weiß ich, was ewig läbet: der Toten Tatenruhm!' Und heute haben wir wieder einen schönen Spruch, er hängt ja draußen im Gang. Ich habe ihn mitgebracht, ich läse ihn einmal vor: ‚Der große Mann eilt seiner Zeit voraus, der kleine geht mit ihr auf allen Wägen, der kluge beutet sie gehörig aus, und nur der Schwachkopf schwimmt dem Strom entgegen.' Das ischt von Ärnscht Moritz Arndt. Wer weiß etwas von Ärnscht Moritz Arndt? Niemand!? Das ischt aber traurig! Hildegard, was meinscht du? Ein Dichter, ein Dichter sei er gewesen? Haajaa, freilich, ein Dichter, das war er schließlich auch. Aber, der Ärnscht Moritz Arndt, der war noch viel, viel mehr. Wißt ihr, was der war? Der Ärnscht Moritz Arndt, das war ein guter Deutscher, das war ein

Im Bild links die Wirtschaft zum „Schießberg"

tapferer Deutscher, das war ein Deutscher, den man sich zum Vorbild nehmen kann."

Wir waren in der achten Klasse im Gymnasium. Eines Tages vereinbarten die Jungen: Jetzt wollen wir mal mordsmäßig über die Stränge schlagen, was die Schulordnung anbelangt. Wir beschlossen, während der großen Pause in der Wirtschaft zum „Schießberg" einzukehren. Das war nun kein großes Unternehmen, denn die Wirtschaft lag unmittelbar gegenüber dem Gymnasium auf der anderen Straßenseite. Es gelang uns, unbemerkt vom aufsichtsführenden Lehrer, das Schulgelände zu verlassen. Wir saßen in der Wirtsstube, jeder trank ein großes Glas Bier, und wir hatten unseren Spaß. Als es läutete, gingen wir alle wieder zurück in die Schule, einer hinter dem andern, und jeder hat auf seinen Vordermann geschaut und gedacht: Ha, der schwankt ja! Es ist weiter nichts passiert, kein Lehrer hat etwas bemerkt. Wir hatten einen riesigen Stolz, daß es uns gelungen war, in der großen Pause in der Wirtschaft zu hocken und Bier zu trinken.

Bei einer anderen Geschichte war mein Bruder mit dabei. Er und ein Mitschüler aus Hirsau gingen in Calw in einen Laden und wollten etwas kaufen. Ihre roten Schülermützen behielten sie auf dem Kopf und nahmen sie nicht ab, so wie sich das eigentlich gehört hätte beim Betreten eines Ladens. Der Ladeninhaber fragte sie, ob sie in der Höheren Schule in der Lateinklasse seien. „Ha, freilich semmer en d'r Lateinklass'." „So isch des, aber no wisset ihr vielleicht au, was uff Lateinisch die Ziege heißt." „Doch, doch, des wisse mir guat", sagte der eine, und der andere meinte mit einem Mordsstolz: „Die Ziege heißt auf Lateinisch capra." „So, wenn ihr des so guat wisset, worom deaners no ned? Ihr hent jo eure Kappa emmer no uffem Kopf?"

Nach der Schule

Das Landratsamt stellte keine Lehrlinge, sondern nur Angestellte ein. Wir waren sechsunddreißig, die sich um eine Stelle im Landratsamt bewarben. Ich fand mich pünktlich auf dem Amt ein. Gerade als ich die Tür schloß, schlug die Kirchturmuhr sieben. Da stand ein Herr an der Tür – schön, groß und elegant. „Ja, jetzt hemmer aber für Sie koin Stuhl", meinte dieser. „Des macht nix, i bin ned müd, i han ausgschlofa!" entgegnete ich. Er brachte aber dennoch einen Stuhl. Ich durfte mich setzen, und dann sagte er, es solle jetzt jemand in das Zimmer gehen und sich vorstellen. Da niemand aufstand, fragte ich: „Saged Sie mol, wie wär denn des: Kennt ned au 's Letscht z'erscht nei?" „Des kennt mer mache", sagte er. Daraufhin bin ich hineingegangen. Ich mußte mich setzen, Maschinenschreiben konnte ich nicht, Steno auch nicht. „Können Sie das lernen?" wurde ich gefragt. „Em Obendkurs kann i des lerna, i han mi sogar scho dafir a'gmeldet." Dann wurde diktiert, ich mußte schreiben. Ich hatte eine schöne Schrift, doch als diese immer „lompiger" wurde, sagte ich: „Jetzt müssed Se aufhöra, jetzt kann ich's selber nimmer lesa." „Ach", sagte der Herr, „aber ehrlich send Sie!" „Ja, ja", sagte ich, „ich sag', wie ich's denk'." Dann fragte ich, wann denn der Landrat käme. Der hätte im Moment keine Zeit, würde aber noch kommen, war die

Antwort. Ich hab' also alles schön mitgemacht bis zum Schluß. Dann ging die Türe auf, die Sekretärin kam herein und sagte: „Herr Landrat ..." – es war also der Landrat selber, mit dem ich die ganze Zeit gesprochen hatte. Das Ergebnis des Tests: ich als „Volksschülerin" wurde genommen und alle anderen nicht. Darauf war ich mächtig stolz!

Ich hatte mich bei der Baumwollspinnerei in Kentheim erfolgreich um eine Lehrstelle beworben. Einer der beiden Inhaber sagte zu mir: „Unsere Lehrlinge gehören in der Berufsschule immer zur Spitzengruppe. Du kommst aus der Volksschule, jetzt besuchst du noch ein halbes Jahr in der Handelsschule einen C-Kurs. Da lernst du Stenografieren, Maschinenschreiben und die ersten Anfänge der Buchführung. Und danach kommst du in der Kaufmännischen Berufsschule ganz leicht zurecht." Und so hab' ich's dann auch gemacht. Die Lehre ging drei Jahre, im ersten Jahr hab' ich 15 Mark im Monat verdient, im zweiten 30 und im dritten 45. Und nach drei Jahren hab' ich in Rottweil meine Kaufmannsgehilfenprüfung abgelegt. Von da an war ich dann Angestellter mit 120 Mark im Monat – aber nicht sehr lange! Im Januar 1940 kam ich nämlich zu den Pionieren nach Südmähren.

Kommet no, jetzt kriaget ihr!
Kinder – Spiele – Plätze

Als Kind ist man überall herumgekommen in der Stadt, ist in viele Häuser gekommen. Man hat einander gekannt. Das fehlt mir in der heutigen Zeit, dieser Kontakt zu den Menschen. Früher konnte ich zu meiner Mutter oft sagen: „Oh, d' Frau Soundso, dia kocht viel besser wia du!" Und es war aber auch so: bei anderen Leuten hat's einem immer besser geschmeckt.

Auf Gassen und Straßen

Heute gibt's in Calw einige Straßen, die früher „Gasse" hießen. Die Lederstraße beispielsweise hieß früher Ledergasse. Als „Gasse" wurden die innerörtlichen Straßen bezeichnet. Die Verkehrswege, die zu einem Nachbarort führten, wie zum Beispiel die Bischofstraße nach Hirsau oder die Bahnhofstraße nach Teinach, waren Straßen – und alle anderen hießen eben Gassen.

Es gibt sicherlich manche Plätze, die der Erinnerung wert sind. Was für mich aus meiner Jugend heraus noch in bester Erinnerung ist – es blutet mir heute noch das Herz, wenn ich da runtergehe –, das ist der Brühl. Heute befindet sich dort ein riesengroßer Parkplatz. Früher war der Brühl unterteilt in eine Kastanienbaumanlage mit Sitzbänken für ältere Leute und in einen freien Platz, auf dem auch Fußball gespielt wurde. Es war sozusagen der städtische Turnplatz. Vor allen Dingen aber fanden dort immer die Kinderfeste statt. Es gab früher jedes Jahr ein Kinderfest. Der Festzug ging durch die ganze Stadt und endete auf dem Brühl. Das ist also ein Platz, der sicherlich älteren Calwern in allerbester Erinnerung ist. Heut ist es eben ein Parkplatz.

Früher hat man in der Bischofstraße noch wohnen können. Ich bin dort aufgewachsen, wo jetzt der Drogeriemarkt Müller drin ist. Und da war's richtig schön in der Bischofstraße. Dort sind ja viele aufgewachsen, die heute in Heumaden oder anderswo wohnen. Im Hengstetter Gäßle haben lauter Calwer gewohnt. Heute ist das Gäßle ja international – vom Portugiesen über den Chinesen bis zum Italiener. Mein Vater hatte ein Fahrrad-, Motorrad- und Auto-

Blick in die Bischofstraße – im Hintergrund die Turmuhrenfabrik Perrot

geschäft. Wenn's da dann ab und zu Fähnchen gab, hab' ich die verteilt. Ganze Trauben von Kindern sind über die Brücke gekommen, um sich ein Fähnchen abzuholen.

Damals lief noch der ganze Verkehr über die Brücke. Und da kann ich mich entsinnen an die Langholzwagen. Die konnten gerade noch so vor unserem Ladenschaufenster abbremsen. Wir hatten immer Angst, daß da mal einer durchs Schaufenster reinkommt.

Das Schönste war, wenn es im Winter sonntags schneite. Und dann das Biergäßle! Das passierten die Kirchgänger aus der Bischofstraße und vom Kapellenberg. Die Stadtarbeiter streuten deshalb mitten auf unsere Schlittenbahn roten Sand. Wir Kinder aus der Biergasse holten schnell „Kutterschaufel ond Kehrwisch" und räumten den Sand wieder weg. Daraufhin kam meistens die Polizei. Schnell verschwanden wir in die Häuser, und sobald die beiden Polizisten weg waren, fuhren wir wieder Schlitten. Dann kamen die wieder zum Streuen. So ging das hin und her. Wenn sie uns dann doch mal beim Schlittenfahren erwischten, wurde der Schlitten konfisziert, und man mußte ihn bei der „Bolle" (Polizei) wieder abholen. Bei dieser Gelegenheit wurde man natürlich richtig „verseggelt".

Bei dieser Treppe hier oben an der Lateinschule sind wir mit unseren Schlitten gestartet und bis zur Nagold runtergefahren. Und zum Glück stand beim Weinsteg ein breiter Stein, so daß man nicht in den Fluß fallen konnte. Wenn der nicht gewesen wäre, dann wären wir meistens in der Nagold gelandet!

Nun, ich war klein und habe schlecht gesehen. Gelenkt wurde der Schlitten ja von hinten. Und da hatte ich mal die Helene Schad, das war so ein Brocken, vor mir sitzen, da hab' ich gar nichts mehr gesehen. Als wir zu stehen kamen, hingen die Schlittenkufen vorne schon über der Nagold!

Mein Vater erzählte uns Streiche aus seiner Jugend. So hatten sie einmal einer Katze Blechbüchsen an den Schwanz gebunden und diese dann durchs Rathaus gejagt. Und so etwas haben wir Burschen vom Biergäßle natürlich dann auch ausprobiert. Nur ein bißchen anders. Wir nahmen Hausers Schäferhund, holten einen Wurstzipfel und befestigten diesen beim Metzger Widmaier an den grünen Glocken, die links und rechts des Eingangs angebracht waren. „Bella, faß!" riefen wir, der Hund versuchte an die Wurst zu kommen und zog dabei immer an den Türglocken. Uns wurde deshalb oft mit dem Stadtpolizisten Hans Adam Pross gedroht.

Gärtle und Hochwasserwegle

Ich war bei anderen Familien zugange, die alle ihr „Gärtle" irgendwo hatten – beim Gaskessel oder am Kapellenberg zum Beispiel. Da wurden dann Stachelbeeren oder Träuble geerntet. Damals hat man, wenn man zu diesen Leuten ging, auch noch eine Schüssel voll mit nach Hause bekommen. Das hab' ich als Kind erlebt. Auf der anderen Seite: Ich war natürlich auch „a liadrichs Mendle", denn wenn ich nichts geschenkt bekam, dann hab' ich's halt geklaut! Ich wußte genau, wo's in Calw die besten Äpfel gab. Der erste Baum rechts vorne beim Lehrer Epple oben in der damaligen RAD-Truppführerschule hatte gute. Dem haben wir immer Äpfel geklaut – nicht nur, weil sie gut schmeckten, sondern weil's die vom Lehrer waren! So schlimm waren wir aber dann doch nicht, daß wir die angebissenen Äpfel haben am Baum hängen lassen – das haben nämlich auch welche gemacht.

Im Gärtle unterhalb des Hochwasserwegles

Oben hinter der Bahn am „Hochwasserwegle" war's auch sehr schön. Da gibt's nur noch die zwei alten Gärten: der eine ist der Garten vom Rühle und der andere ist unser Garten. Die beiden Gärten existierten früher schon. Da hat der Hermann Hesse praktisch drei Jahre gelebt. Das beschreibt er in dem Buch „Unterm Rad".

Dort hatte auch der Pflästerer Stotz einen Garten. Oh, das war herrlich für uns. Da oben, wo alles so offen war, hielten wir uns gerne auf. Und im Gartenhäusle sind wir „romkräbselt". Wenn's unten in der Bischofstraße Schatten gab, dann schien da oben noch Sonne. Vor allem im Frühjahr und im Herbst war's dort sehr schön.

Wir waren so vier oder fünf Jungen zusammen und beschlossen: Jetzt gehen wir ins Hochwasserwegle. Auf einmal zog einer der jungen Burschen, ein rothaariger, eine Zigarette aus der Tasche. Wir rauchten also zusammen diese Zigarette – und haben alle danach gekotzt!

Das Hochwasserwegle existiert teilweise heute noch. Wenn es in Calw Hochwasser gab, konnte man nicht mehr aus dem Haus, aber diesen kleinen Weg da oben konnte man benutzen und sogar bis zum Brühl hinunter gelangen. Nach der Nagold-Korrektion hat die Stadt Calw das Hochwasserwegle an die Besitzer der angrenzenden Gärten verkauft. So ist das Hochwasserwegle „eingegangen".

In Cliquen

Man war meist mit den Jungen und Mädchen aus der Nachbarschaft in einer Clique zusammen. Da war nichts organisiert. Man war ja ziemlich sich selbst überlassen. Toll war auch das Schlittenfahren vom Wimberg herunter, über selbstgebaute Schanzen und vor allem über die Staffeln bis ganz runter.

Wir haben halt auch Leute geärgert. „Stenkes" machen war so ein „Spiel": Da haben wir unten Bälle an die Hauswand gedonnert und oben schlief jemand. Wir waren schon auch freche Burschen. So haben wir zum Beispiel den alten Wackenhut vom Sanitärgroßhandel geärgert. Der hatte dort an der Wand so eine Stange hängen, die man oben aushängen konnte. Die haben wir dann ins Biergäßle reingehängt, und sechs oder sieben Kerle haben sich dran festgehalten und haben „gautscht" (geschaukelt). Das hat dem natürlich nicht gepaßt. Wenn er dann unten im Biergäßle ums Eck kam und uns gesehen hat, ist er schnell gelaufen und hat schon gescholten. Wir haben uns schnell runterfallen lassen aufs Biergäßle, sind abgehauen und haben die Stange stehen lassen. Die mußte er dann auch noch aufräumen. In seinem Geschäft haben wir natürlich gewußt, wo das liegt und jenes liegt, und haben unsern Unfug getrieben. Das waren also die Schulkameraden – Buben und Mädchen. Wir waren ein wenig extrem im Biergäßle, deshalb hießen wir auch „d' Biergäßlesräuber". Wir sind in der ganzen Stadt herumgekommen – bis zum Kapellenberg. Und das war ja so in dieser Zeit: Ein Gäßle hat da gegen das andere ein bißchen Händel gesucht. Wenn wir ins Nonnengäßle gekommen sind, haben wir Schläge gekriegt, und wenn die Nonnengäßler zu uns gekommen sind, dann haben die eine Abreibung erhalten. Das war tatsächlich auch unsere Jugendzeit, so um 1940 bis 1942. Gut entsinnen kann ich mich daran, wie oft meine Brille kaputt war oder die Knie durchgescheuert waren – und wie oft ich Streich bekommen hab'!

Die Eisenbahner ließen sich zuerst im „Krappa" (Im Krappen) nieder, weil es von dort nicht weit zum Bahnhof war. Mein Vater sagte immer: „Em Krappa mecht i net amol vergrabe sei!" Der

Im Vordergrund „dr Krappa", die Eisenbahnersiedlung „Im Krappen"

„Krappa" war so für sich, über den Bahnhof hinaus. Drei oder vier Häuser waren das bloß. Dort wohnten also lauter Eisenbahner. Und verdroschen haben die sich auch. Wenn die Kinder in Scharen dann nach Calw hereinkamen, haben wir in der Bahnhofstraße Hiebe gekriegt. Also haben wir uns mit denen von der Badstraße verbündet. Als die vom „Krappa" wieder zu uns kamen, standen wir als vereinte Mannschaft da und riefen: „Kommet no, jetzt kriaget ihr!"

Unsere Clique war der Schrecken für den Hausmeister der Strickwarenfabrik Wagner. In dem einen kleinen Häuschen, unterhalb vom Schlanderer, floß ein „Brünnele". Und im nächsten wohnte das Fräulein Hermann, und dann kam „'s Bälle". Das war ein Häuschen, das war innen hohl, und darin waren die großen Wolle-Ballen aufgestapelt. Wir gingen immer hinein und hopsten auf den Ballen herum. Das war nicht ganz ungefährlich, denn es hätte ja auch alles verrutschen und jemand dabei ersticken können. Deshalb hat der Hausmeister uns jedesmal rausgejagt. Wir sind vorne raus – und hinten gleich wieder rein! Vis à vis von uns befand sich ein mächtiges Tor und ein großer Hofplatz, auf welchem die Kisten für den Versand standen. Auf denen kletterten wir natürlich auch herum und wurden verscheucht. Dann gingen wir halt ins Rühles Höfle und haben dort umgetrieben. Die schafften sich daraufhin einen Hund an, der uns verjagen mußte. Überall sind wir also vertrieben worden.

Hinterm „Alten Bau" der Firma Wagner lag ein bewachsener Grashang. Auf dem sind wir vom Bahngleis oben „rontergwargelt". Und dabei ist auch mal eines in den Schacht dort hinuntergefallen.

Zu dem Brünnele wäre noch zu sagen, daß es das beste Wasser weit und breit spendete. Hesse selber hat oft erzählt, daß er in dem Brunnen für seinen Vater ein besonderes Trinkwasser geholt hat. Weil's besser war als das, was aus dem Wasserhahn kam. Und auf einmal war ein Schild mit der Aufschrift „Kein Trinkwasser" angebracht, wahrscheinlich weil die Firma Wagner das für sich verwendete.

Den alten Perrot haben wir auch geärgert. Neben der Turnhalle lagerte beim Perrot so ein großes Faß mit Karbid. Dort haben wir uns Karbid geholt, in Flaschen gefüllt und haben die Flaschen dann explodieren lassen. Das hat vielleicht „scheene Schläg doa"!

Wir sind auch von Wimberg die Hauptstraße hinuntergefahren. Beim Bobfahren saß vorne einer mit Schlittschuhen – ha, da hat man vielleicht ein Tempo draufgehabt! Aufregend war es natürlich, als man gemerkt hat, daß zweierlei Leute gibt. Da hat man sich dann schon seine Partner ausgesucht, die vor einem saßen. Ja also, wie war's? Ist da einer in der Bahn gestanden, dann ist man runter vom Schlitten und hat die Kerle verschlagen. Eifersüchtig war man, weil die wieder andere Mädchen mit dabei hatten. Da entwickelten sich die schönsten Keilereien. Was hätte man halt auch sonst spielen sollen? Nachher, als wir Uniformen hatten, war alles ganz anders.

Ab 1934/35 haben sich die Freizeitaktivitäten dann auf die Hitlerjugend konzentriert. Dort ist man zusammengekommen und hat beispielsweise Wanderungen unternommen. Samstags war schulfrei, denn das war der sogenannte Staatsjugendtag. Der Lehrer ist da mit seiner Klasse irgendwohin gewandert.

In den vierziger Jahren war dann der Arbeitsdienst hier mit der Truppführerschule. Die Arbeitsdienstler haben nach den schon größeren Mädchen Ausschau gehalten. Beim Bächlein, einem Lebensmittelladen, besorgten sie sich Proviant mit so einem flachen Vierräderwägelchen. Wir jungen Burschen standen damals immer an der Kurve am Schloßberg herum. Die Arbeitsdienstler veranstalteten mit uns einen Wettbewerb: Wir mußten das „Mäuerle" hinunterspringen, und wer als erster wieder oben war, bekam von denen zehn Pfennig. Für uns war das viel Geld!

Veränderungen

Was man ruhig selbstkritisch sagen muß: Bei der Stadtsanierung sind schreckliche Bausünden begangen worden. Gegenüber meinem Elternhaus in der Lederstraße, neben dem Andreä-Haus, dort, wo heute ein Geschäftshaus steht, war früher ein Garten mit einem Hühnerhäuschen. Dahinter stand ein Fachwerkhaus, und unten befand sich der Stall des Reit- und Fahrvereins. Da gab's auch solche Torbögen – und jetzt ist das eine Passage aus Glas mit einem Möbelhaus. Ha, das Haus haben sie total verschandelt, das sieht heute nach gar nichts mehr aus. Da wohnte doch die Klavierlehrerin Fräulein Schott drin. Daneben existierte der Großmarkt Dr. Metzger. Dann hatte der Gehring aus Ostelsheim ein Auto- und Motorradgeschäft dort. Bei dem Platz vor der Musikschule braucht man auch nicht mehr lange zu warten, dann wird der auch zugebaut. Das ist eben schlecht, wenn man in einer Stadt so parkartige Erweiterungen einfach wieder zupflastert. Weil solche Plätze doch die Möglichkeit bieten, daß man sich mal hinsetzen und ausruhen kann, daß sich auch das Auge erholen kann in einer Stadt. Das ist alles sehr kurzsichtig: Die Marktstraßenbrücke ist heute nur dazu da, daß man mit dem Auto in die Fußgängerzone fahren kann. Das obere Ledereck wurde total niedergemacht. Der Marktplatz hat durch diese Verbreiterungen sehr gelitten, denn die alte Geschlossenheit ist verlorengegangen.

's Zipfele, 's Herzele, dr Batzalui-Zibebadrickner
Originale und Originelles

Der Carl Reichert war ein wirkliches Original. Ich habe heute noch seine Todesanzeige im Kopf: „Ich teile meinen Freunden und Bekannten mit, daß ich gestorben und begraben bin. All denen, die mir in meinem Leben Gutes erwiesen haben, sage ich auf diesem Weg ein herzliches Vergelt's Gott! Carl Reichert, der Kaufmann, weiland an der Brück'". Wie er, der auch bei den Freimaurern gewesen sein soll, seiner Gesinnung nach war, kann man noch heute aus seiner Grabinschrift herauslesen, denn auf seinem Grabstein steht: „Zu neuen Ufern lockt ein neuer Tag!"

Er wohnte an der Nikolausbrücke im Eckhaus und verkaufte Spielwaren und vieles andere. In seinem Hausgang hing ein riesengroßes Krokodil. Auch eine große Tabakspfeife konnte man anschauen. Da das Haus immer offenstand, sind wir als Schulkinder oft hineingegangen, um diese Objekte zu bestaunen. Es war eine richtig große Privatsammlung, zu der auch viele Ofenplatten aus dem 16. bis 19. Jahrhundert zählten. Ein Großteil davon wurde allerdings nach dem Krieg einmal nächtens gestohlen.

Als Heimatdichter ist er auch in Erscheinung getreten. In den zwanziger Jahren wurden einige seiner Verse veröffentlicht. Dabei lautete der Schluß der Gedichte immer gleich: „Schaue vorwärts, nie zurück, sagt der Reichert an der Brück'!"

Reichert nutzte seine Fähigkeit, Reime zu schmieden, auch zur Werbung für seine Waren. In den zwanziger Jahren veröffentlichte er im Anzeigenteil der Calwer Zeitung Gedichte, in denen familiäre Auseinandersetzungen um veraltete Hüte, Schulranzen, Matratzen, Kinderwagen oder Liegestühle dargestellt wurden. Das Ende vom Lied war immer: man kaufte bei Reichert diesen „Stein des Anstoßes" neu, und siehe da – „Holde Eintracht, süßes Glück stiftet Reichert an der Brück!"

Es gibt einen Spruch, der auf die in Calw verbreitete Sitte verweist, die Leute mit Un- oder Spitznamen zu belegen: „Wer vo Calw kommt ohne Spott / ond vo Wildberg ohne Kropf / ond vo Nagelt ohne g'schlaga, / der kaa vo drei Wonder saga." Die Nagolder galten als händelsüchtig, und in Wildberg müssen wohl verstärkt Kröpfe aufgetreten sein. In Calw dagegen hatte fast jeder einen Spitznamen. Die Frau vom Schützenhaus-Wirt beispielsweise war „d' Silberdischtel" und deren Tochter wurde „d' Stechpalm" genannt. Der Kannenwirt hieß „Zipfele", ein bestimmter Konditor wurde „Zuckerle" genannt, oder der Bärenwirt, der Karl Scheuerle, war eben der „Bärenkarle". Manche nannten ihn aber auch „Blonsakarle", weil er halt Metzger war und es eine dicke Wurst gab, die man „Blonsa" geheißen hat. Beim „Zipfele" rührte der Name daher, daß er, wenn Mütter mit ihren Kindern zum Wurstkauf in den Laden kamen, sagte: „Gib ao dem Bua a Zipfele!"

„'s Herzele" war ein kleiner Mann. Er hieß Franceschi und war italienischer Abstammung. Als Schüler im Alter von acht oder neun Jahren fragten wir ihn immer, wenn wir ihn trafen: „Herzele, woisch koin Witz?" Und da erzählte er uns Kindern Witze. Er war Ofenputzer, hat gerußelt und auch gemauert.

„'s Ernschtle" war bei der Stadt als Straßenfeger beschäftigt. Einmal mußte er Abortgruben leeren und die Jauche abfahren. Da hat er in sein Arbeitsprotokoll geschrieben: „Von zwei bis fünf Uhr am Untergang der Stadt gearbeitet ..." Das Ernstle hatte das Amt des Kartenabreißers im Fußballverein inne und war deshalb oft im Stadion. Er war sehr jähzornig, und wenn der Schiedsrichter seiner Ansicht nach gegen die Calwer pfiff, stürmte er auf den Platz und ging auf den Schiedsrichter los.

Der Schreiner Bihler, auch „Sausteigschreiner" genannt, saß einmal während des Dritten Reichs in der Wirtschaft. Da fragte ihn ein Tischnachbar: „Gotthilf, wia goht's dr ao?" Der Bihler antwortete verschmitzt: „'s Kopfweh isch besser, aber dr Schwendel wird jeden Daag ärger!"

Tauben besaß er auch. Er müsse sie abschaffen, sagte er, weil sie immer fetter würden: „Dia dabbet mer d' ganze Ziagel nei mit d'r Zeit!"

Uns ist immer der „Batzalui" nachgegangen. Früher gab's Schokolade um 20 Pfennig, die in Silberpapier eingewickelt war. Das haben wir gesammelt und so große Kugeln daraus gemacht. Wir hatten dieses Silberpapier, und das ärgerte den. Da riefen wir halt: „Oh, Batzalui-Zibebadrickner!" – und er sprang uns hinterher. Wir rannten dann dort, wo der alte Brunnen in der Sausteig war, davon und in die Scheuer. In der Scheuer stiegen wir hoch – er

Blick in die obere Bischofstraße/Bahnhofstraße: der „Reichert an der Brück" (zweites Haus auf der linken Seite) und die Bäckerwirtschaft Heinrich Giebenrath (ganz rechts)

immer noch hinterdrein. Er hätte uns auch erwischt, wären wir nicht drei Meter in die Tiefe hinabgesaust. Da hat er sich nicht weiter getraut, auch aus Angst, wir hätten uns vielleicht etwas gebrochen.

Der „Batzalui-Zibebadrickner" war Ladenbesitzer. Hatte jemand bei ihm Schulden, dann schrieb er den Namen auf eine große Tafel, die vor dem Geschäft war. Der war schon händelsüchtig, an dessen Haus sind wir richtig vorbeigeschlichen. Sobald wir weiter weg waren, riefen wir wieder seinen Spitznamen.

Der alte Perrot war Schlossermeister, Mechaniker und Uhrenbauer und ein wirkliches Calwer Original. Er war durchaus ein sehr grober Mensch, was den Umgang mit seinen Lehrlingen – Hermann Hesse war auch zwei Jahre bei ihm in der Lehre gewesen – anbelangte. Die wurden durchgeprügelt, mit Schimpfnamen versehen, so daß denen Hören und Sehen hat vergehen können. Aber es hieß, wer beim Perrot eine Lehre durchgemacht hat, ist ein sehr guter Mechaniker.

Der Perrot hatte die Erlaubnis, im Steinhaus einen Raum als Lagerraum für Werkzeuge zu benutzen. Dafür erledigte er anfallende Reparaturen in diesem Haus. Einmal schickte er einen

Lehrling ins Steinhaus mit dem Auftrag, eine Reparatur durchzuführen. Nachdem dieser alles erledigt hatte, wollten die Steinhaus-Besitzer vom Perrot wissen, was sie denn schuldig seien. „Des koscht nadierlich nix!" sagte der. Daraufhin wollten diese dem Lehrbuben, der die Reparatur ausgeführt hatte, wenigstens ein kleines Trinkgeld geben. Dazu meinte der Perrot nur: „Ha noi, dees braucht's nedda. Dem Lehrbuaba sei Zeit isch net so koschtbar!"

Der Perrot hatte ja die Kirchturmuhr für Calw gestiftet. Ging diese auch nur eine Minute nach, so rief er den ältesten seiner Gesellen, damit dieser hinaufging und die Uhr sofort richtete. In seiner Werkstatt in der Bischofstraße gab es eine alte Uhr zu bewundern, bei der man richtig alle „Rädle" laufen sehen konnte. Stand man davor und der Perrot kam, dann sagte er: „Kennsch du mei Uhrwerk?" „Ja, ja", antwortete man, „des kenn i". Dann mußte man aber doch mitkommen und sich das Uhrwerk zeigen lassen.

Noch eine Geschichte vom Perrot: Einer seiner Freunde ging eines Tages die Bischofstraße entlang und kam immer näher zur Perrotschen Werkstatt. Plötzlich hörte er ein Mordsgeschrei und dachte, der Meister würde einen Lehrling ausschimpfen. Der Freund lief etwas schneller, um zu sehen, was denn los sei. Da wurde die Türe aufgerissen, und ein Lehrling rannte heraus. Ihm hinterher flog ein Hammer. Der Freund ging hinein, klopfte dem Perrot auf die Schulter und fragte: „Heinrich, worom regsch de denn so uff? Des isch doch ned so schlemm, was wird's ao scho gäbba han?" Völlig außer sich antwortete dieser: „Hawa, i reg me doch ned uff! Jetzt will i dem Lehrling em Guata äbbes saga – ond der Kerle saut d'rvo!"

Der Heini Bender war eigentlich auch ein Original. Er war beim Perrot in die Lehre gegangen. Beim Sprechen stotterte er, singen allerdings konnte er problemlos. Mußte er beim Perrot etwas sagen und brachte es nicht heraus, so forderte dieser ihn auf: „Heini, seng's!"

Der alte Bender in der Bahnhofstraße, also dort, wo früher einmal der Perrot drin war, war auch Mechanikermeister. Der meinte eines schönen Tages: „Aus der Nageld do henda muaß mer doch Geld macha kenna! Dia muaß doch ned omsonscht vorbeifliaßa." Er baute sich einen Nachen zusammen, den man dann im Sommer für wenig Geld mieten konnte, um auf der Nagold hinauszurudern bis zur Kratze. Diese Idee brachte ihm einen kleinen Nebenverdienst ein.

Der Alber hatte das größte Bauunternehmen hier in der Gegend und war auch etwas „b'häb"! Der hatte während des Ersten Weltkrieges schon italienische Bauarbeiter beschäftigt. Und dort, wo heute die Kasernen sind, waren doch früher die Steinbrüche. Der alte Alber kam einmal zur Kontrolle dort vorbei und fand alle Arbeiter schlafend. Schnell kehrte er in die Stadt zurück, ging zum Foto-Fuchs und sagte: „Do gang nuff ond fotografier se!" Dieser erledigte seinen Auftrag. Als mit dem Freitag auch der Zahltag kam und die Italiener ihre „Güggle" öffneten, fanden sie nur Fotos, auf denen sie schlafend zu sehen waren.

Wir haben am Altjahrabend immer beim Theo um die Neujahrsbrezeln „bobberet" (gewürfelt). Jeder zahlte zehn Pfennig Einsatz, die meine Frau einkassierte. „Au, Herr Alber, des send aber koine zeah Pfennig, des send zwoi Pfennig!" bemerkte sie. „Au, au, au, Entschuldigung!" sagte er schnell. Das war der Alber, so hat der's probiert.

Neben den Hausierern, die von weither gekommen sind, gab's auch einen Hausierer hier von Ottenbronn. Es handelte sich um einen kleinen Mann, der einen großen Kopf und einen Schnurrbart hatte. Er trug immer einen Hut, und angezogen war er mit einem schwarzen Schwenker, so einem alten Frack. Die eine Tasche dieses Kleidungsstückes war vollgestopft mit weißen Mottenkugeln, und die andere enthielt buntes Nähgarn. Außerdem besaß er noch ein Handköfferchen mit Nähseide, Strickanadeln und ähnlichen Waren. Da mein Vater mit diesem Hausierer zusammen den Konfirmandenunterricht besucht hatte, waren die beiden miteinander bekannt. Deshalb kam er immer gerne bei uns vorbei, um seine Sachen anzubieten. Diesen Hausierer nannte man „dr Buarzelboom" (Purzelbaum). Weshalb wohl hatte er diesen Spitznamen? Da der gute Mann seinen Verdienst meist umgehend in Flüssiges umsetzte, landete er dementspechend oft im Straßengraben. Und so gab es darüber ein „Sprüchle", das wir Kinder, wenn wir ihn irgendwo auf der Straße sahen, in einer Art Sprechgesang aufsagten: „Dr Buarzelboom von Ottabronn waalt en älle Gräba rom!" Von meinem Vater erhielt dieser Hausierer immer mal wieder einen abgetragenen Hut. Bei einem seiner Besuche meinte er: „Ha wia, Karl, hettsch mer net ao amol wieder an abtragana Huat? I sott oin han!" Mein Vater erinnerte ihn daran, es sei noch gar nicht so lang her, daß er einen Hut von ihm erhalten hätte. „Freilich, des stemmt scho, aber weisch, i be en a args G'witter neikomma ond der Huat isch bätschnaß worda. Den kaa i jetzt bloß no werkdaags uffziahga. Ond i brauch doch ao an Sonndigshuat!" Hatte man ihm etwas abgekauft, so verabschiedete er sich mit den Worten: „Also, uff Wiedersehn, i wünsch Ihna ao a recht guade Zeit!" Meine Mutter erwiderte: „Jo, Herr Großhans, des wünsch i Ihna ao!", worauf der „Buarzelboom" antwortete: „Bidde schön!", seinen Hut aufsetzte und hinausging.

Wir hatten einen Nachbarn namens Bacher. Dessen Frau war schon längere Zeit krank. Eines Tages kam er mit einem Foto zu meinem Vater in dessen Werkstatt und erklärte: „Du, wenn mei Weib stirbt, no heirat' i di do." Mein Vater glaubte das natürlich nicht. Jetzt ging das halt arg lang mit der Krankheit, und dem Nachbarn wär's schon recht gewesen, wenn seine Frau denn endlich gestorben wäre. Eines schönen Himmelfahrtstags kam der Bacher zu uns herüber und sagte zu meinem Vater: „Du, Eugen, du muasch glei an Sarg macha. Heit stirbt se no!" Mein Vater aber meinte: „Ha Gottlieb, wenn dei Weib no lebt, no stand i doch net heit am Feiertich no ond mach an Sarg. Des langt doch no, wenn se gstorba isch!" Sie hat dann tatsächlich noch ein paar Wochen gelebt.

Der Frieder Frei war ein alter Mann, der ein Maurergeschäft hatte. Geholfen hat ihm immer der Julius Dengler. Da sagte der einmal bei der Arbeit: „Frieder, i han koi Wasser meh!" Darauf erwiderte jener: „Isch doch mir egal. No soichsch halt nei!" Solche Begebenheiten haben wir halt als Kinder auch mitbekommen.

Beim Bäcker Frank mußte der Frei einmal das Dach decken. Am Haus hatte der Möbel-Zeyher seinen Mercedes geparkt. Plötzlich fiel ein Dachziegel herunter, mitten aufs Auto. Der Besitzer hat natürlich ziemlich gescholten. Da meinte der Maurer Frei: „Du Daggl, du saudommer, i kann en ao ned heba, wenn'r raflaigt!"

Ja, der Maurer Frei und seine Lina! Bei denen bin ich oft gewesen. Die hatten zwei Katzen, und die hab' ich jeden Sonntagmorgen zu mir ins Bett geholt. Eines Tages sagte Frau Frei zu mir: „Reinhold, des isch schee! Der wo d' Katza moog, der moog ao d' Mädle!" – und daß das stimmte, was sie sagte, habe ich natürlich erst später herausgefunden.

Der Herr Kommerzienrat Wagner wohnte im „Bischof" (Bischofstraße). Er ging mit seinem kleinen Schnauzer von seinem Wohnhaus über die Straße und über den „Westen-Steg", das war das Brückle, das zur Westenfabrik führte. Sobald der Kommerzienrat auftauchte, sprang die ganze Kinderschar vom „Bischof" zusammen. „Grüß Gott, Herr Kommerzienrat" hier und „Grüß Gott, Herr Kommerzienrat" da, so tönte es von allen Seiten. Die Buben machten dazu eine Verbeugung und die Mädchen einen Knicks.

Der Herr Kommerzienrat besaß oben am Bahnwegle einen Garten. Gab's da reife Pflaumen oder Äpfel oder Birnen, dann schickte er seine Köchin, die Marie, mit einer Schüssel voller Obst für uns Kinder. An einem Gründonnerstag kam der Herr Kommerzienrat Wagner des Wegs. Wieder sprangen alle Kinder herbei. Er zählte den Haufen ab, ging in ein Haus in der Bischofstraße, wo eine Familie einen Butter- und Eierhandel betrieb, und kam mit 16 bunt gefärbten Ostereiern wieder. Diese verteilte er, so daß jedes von uns Kindern ein Ei geschenkt bekam.

Ich möchte noch von dem Buchhändler Paul Olpp erzählen. Der wurde 98 Jahre alt. Er war Jahrgang 1876 und ist 1974 gestorben. Wenn man zu ihm kam, dann erzählte er aus seiner Jugendzeit und von späteren verschiedenen Erlebnissen. Er stammte aus Pforzheim und hatte dort noch als Kind Kaiser Wilhelm I. im Zug vorbeifahren sehen, als dieser von Wildbad nach Berlin zurückreiste. Den Kaiser Wilhelm II. dagegen sah er 1901, als er sich zum Englischlernen in London aufhielt. Er machte eine Lehre als Missionsbuchhändler und benötigte dafür Englischkenntnisse. Die Beerdigung der Königin Viktoria war ein großes Ereignis, ganz London war auf den Beinen. Olpp ergatterte ein Plätzchen auf einer Mauer. Als ihn ein Polizist von dort verscheuchen wollte, sagte er mit weinerlicher Stimme: „But I want to see my emperor!" (Aber ich möchte doch meinen Kaiser sehen!) Wilhelm II. marschierte als Enkel der Verstorbenen in vorderster Reihe des Trauerzuges. Diese herzliche Bitte an den Polizisten war erfolgreich, denn er nickte und winkte Olpp zu, womit er sagen wollte: Sie können ihren Platz behalten.

Der Olpp unternahm mit Hesse und noch einem andern Freund sonntagnachmittags Kutschenfahrten. Sie mieteten eine Kutsche, einer saß vorne auf dem Kutschbock und lenkte, die anderen zwei saßen hinten und hängten die Beine zum Schlag hinaus. So fuhren die drei beispielsweise nach Liebenzell, Teinach oder Unterreichenbach. Dort in Unterreichenbach hatten sie einmal ziemlich gebechert. Als der Wirt die Rechnung brachte, stand darauf „100 Glas Bier". Trotz ihres „Dullos" merkten sie natürlich, daß sie übers Ohr gehauen werden sollten. Weder Olpps Vater als Juwelier und „Stondahälter" noch Hesses Vater als Missionar waren von diesen Unternehmungen begeistert.

Später ließ sich Olpp in Calw neben der Kirche als Buchhändler nieder. Er war der erste, der ein Adreßbuch für die Stadt herausgab, und zwar 1914, unmittelbar vor dem ersten Weltkrieg. 1929 gab es davon eine vergrößerte Auflage für den ganzen Oberamtsbezirk. Der Olpp hatte eine riesengroße Freude an Spitznamen. Wo er welche aufschnappen konnte, sammelte er sie. Auf einer Seite trug er rund fünfzig Spitznamen aus Calw zusammen. Da gab es etwa einen „Choralschmied" oder einen „Hexenbeck". Verzeichnet ist auch ein „Oberleerer". In Calw kannte jedes Kind die Latrinenleerer, welche die Abortgruben leerpumpten und den Inhalt in einem großen Faß abtransportierten. Der Oberste in dieser „Stadtgarde" hieß 1929 Karl Stückel. Olpp bat diesen nun um die Erlaubnis, als Berufsbezeichnung „Oberleerer" eintragen zu dürfen. „Haja, freilich", meinte der schmunzelnd, „des könnet Sie ruhig ens Adreßbuach drucka, des stemmt doch hoorgenau!"

Bei dem als „Choralschmied" titulierten Calwer Bürger handelte es sich um den Schmiedemeister Stürner, der im Teuchelweg draußen wohnte. Der überaus fromme Mann hatte sich zunächst der Pfingstbewegung angeschlossen, später dann eine eigene Sekte gegründet. Er gab auch eine kleine Monatsschrift für diese Sekte heraus. Morgens ist er wohl immer in den Wald gegangen und hat mit lauter Stimme Choräle gesungen. Und deswegen hat man ihn den „Choralschmied" geheißen.

Noch eine Geschichte, die Paul Olpp oft erzählte: Der Schützenverein baute um 1925 eine neue Schießanlage. Das hat man natürlich groß gefeiert, und in der Zeitung wurde darüber berichtet. Nur machte der Setzer einen Fehler, so daß schwarz auf weiß zu lesen war: „Die Calwer haben jetzt ein schönes neues Scheißhaus!"

In dem Buch „Unterm Rad" schildert Hermann Hesse seine Jugendjahre von der Kindheit an. Geschrieben hat er das so um

1905 herum. In dieser Erzählung nennt er sich selbst Hans Giebenrath. Mit der Wahl dieses Namens hat es folgende Bewandtnis: Der Bäckermeister und Gastwirt Heinrich Giebenrath war sein Nachbar im übernächsten Haus. Und dieser Nachbar war nicht so fromm und gottesfürchtig wie der Vater Hesses. Ihm kamen zum Beispiel Sprüche über die Lippen wie „Komm, gang m'r weg, die Gottseligkeit isch zu allen Dingen nütze" oder „Was willsch von dem? Je frömmer, je schlemmer!" Hermann Hesse hatte diesen seinen Nachbarn gefragt, ob er dessen Namen verwenden dürfe in dem erwähnten Buch. Der Heinrich Giebenrath, mein Großvater mütterlicherseits, erlaubte es ihm. Er starb, als ich achtzehn war, und er hat mir das des öfteren erzählt. Hesse hat also aus Trotz gegen sein Elternhaus den Namen Giebenrath verwendet, denn in der Nachbarschaft wußte man sehr wohl, daß der Heinrich Giebenrath nicht gerade ein Pietist war.

Nappo – Bredle – Metzelsupp

Läden und Wirtschaften

So eine Art Zustellservice gab's früher auch schon. Die Bäckerbuben und Metzgersbuben waren morgens um sieben oder acht Uhr mit den Fahrrädern unterwegs und haben Waren ausgeliefert. Die Außenbezirke der Stadt wurden von den Geschäften wie „Pfannkuch" oder „Konsum" durch den Zustellservice sozusagen bedient. Die alten Leute hatten einen „Aufzug": Sie ließen, wenn sie nicht im Erdgeschoß wohnten, an einer Schnur ein Körbchen aus dem Fenster auf die Straße herunter. Da lag das Geld drin. War das Körbchen dann mit Lebensmitteln gefüllt, wurde es wieder hochgezogen. Meine Oma beispielsweise ging dank dieser Vorrichtung über 30 Jahre lang gar nicht mehr in die Stadt.

Woran ich auch oft denken muß: Nach dem Krieg, als die Bäckereien wieder geöffnet wurden, haben die Leute noch selber ihre „Bredle" gebacken. Die Frauen kamen mit Blechen voller Plätzchen zum Bäcker. Ich wußte ganz genau, wer die besten Plätzchen hatte in der ganzen Lederstraße. Und warum wußte ich das? Wenn die Plätzchen aus dem Ofen kamen, wurden sie von den Blechen geschabt, damit sie nicht haften blieben. Ich hatte natürlich Hunger und probierte von allen Blechen. Als ich dem Theo, dem Bäcker, das erzählte, meinte der: „Du Seggl, du bleeder, des derfsch net mache. Dia hent ihre Bredle doch zehlt!"

Da hab' ich natürlich auch Schlager gedreht. Die mit einem Tuch bedeckten Brezeln wurden auf Brettern ins Freie gelegt, bevor sie in den Ofen geschoben wurden. Ich war damals schon ein bißchen älter. Die Wirtschaft hatte geschlossen, der Laden war auch zu, also stieg ich übers Tor. Ich muß aber zugeben, daß ich einen „Balla" hatte (betrunken war). Dann trat ich zum Theo in die Backstube. Wie ich die Tür aufmachte, rief dieser entsetzt: „Du Daggl, du saudommer, du hosch jo dr ganze Daig an de Fiaß!" Ich war nämlich in meinem betrunkenen Zustand über die ausgelegten Brezeln gestapft.

Das Brot ließ man nicht beim Bäcker backen, aber den Kuchen. Es gab den „Schleifstein", das war der Hefekranz, und es gab Hefezöpfe. Mein Vater konnte einen Hefekranz ganz im Kreis

Der Pfannkuch am alten Platz in der Badgasse

zusammenflechten. Auch Zimtsterne gelangen ihm gut. So konnte es sein, daß der Bäcker ihn hin und wieder aufforderte: „Albert, komm ra ond mach mr meine Zemtstern!"

Und im Sommer stellte man ein viereckiges Gebäck mit kleinen Löchern drin her. Die hießen „Albertle". Die gibt's heute auch noch – aber lang nicht mehr so gute! Und die besten flammenden Herzen machte der Bäcker Frank. Keiner der Bäcker hat aber je seine Rezepte preisgegeben.

Der Konditor stellte zu Ostern Häschen her. Was ihm nicht so gelungen war, verkaufte er als „Hasenbruch". Für fünf Pfennig bekam man da eine „Gugg" voll. Entsprechend wurde auch „Waffelbruch" preiswert verkauft, meist mit ein paar Waffeln obendrauf als Dreingabe.

Es gab Zeiten, in denen der Metzgermeister höchstpersönlich im Laden stand und Fleisch und Wurst selber geschnitten hat. Aufschnitt kannte man nicht, man hat eben eine rote Wurst gekauft oder eine „Sägmehltante".

Wenn man ein Stück Speck oder Wurst mit dem Zipfel dran kaufte, bekam man das billiger. Es heißt heute immer: „Derf's a bißle meh sei?" Ich hab' in den ganzen Jahren noch nie gehört, daß in einer Metzgerei jemand gesagt hätte: „'s isch a bißle weniger!" Heute könnte man mit den Digitalwaagen viel genauer abwiegen, aber immer ist es mehr. Im Krieg konnten die 95 statt 100 Gramm abschneiden. Deshalb hatten die Metzgersfrauen auch überall „Pfläschterle uff ihre Fengergipfele".

Daß man, wenn man als Bub oder Mädle beim Metzger eingekauft hat, ein „Rädle" oder ein „Zipfele" Wurst geschenkt bekam, das hat dazugehört. Und man ist gern mitgegangen, weil man wußte, daß man etwas bekam. Da hat man schon erwartungsvoll auf die Wurst geschaut, von der man gerne etwas gehabt hätte. Das haben die Metzger natürlich auch gemerkt.

Und wenn die Metzger frisch geschlachtet hatten, konnte man Wurstbrühe holen. Mit der Milchkanne ist man hingegangen, und wenn man gut angesehen war, haben sie auch ein paar Würstchen dazugetan.

Es gab auch Unstimmigkeiten zwischen Bäckern und Metzgern. Der Bäcker mußte morgens um vier anfangen, der Metzger vielleicht erst um acht Uhr. „Der verdient viel meh mit seiner Wurscht, der loht's halt neilaufa in seine Därm, ond i muaß jede Bräzel en d' Hand nehma", war die Meinung mancher Bäcker.

Andere Metzger oder Bäcker als die einheimischen wären nicht nach Calw hereingekommen. Die wären nicht anerkannt worden. Ich weiß noch, wie der Pfannkuch aus der Badgasse heraus ist und hinübergezogen, dort, wo jetzt die Drogerie Müller ist. Da sagte ein Calwer Kaufmann: „Ha, wer goht denn do iber d' Bischofstroß nüber ond kauft dohieba 's Zeigs?" So hat's auch früher immer zwei Seiten gegeben. Wir haben ja dahintergesehen, was sonst so los war. Und es herrschte auch der Neid des einen auf den andern. Vielleicht ist es nicht so rausgekommen wie heute.

Wenn man ein Buch zum Buchbinder Endreß in die Buchhandlung Häussler auf der Nikolausbrücke gebracht hat und er wußte, man besitzt nicht soviel Geld, dann hat er einem das umsonst gerichtet. Dafür hat man ihm ein bißchen im Geschäft geholfen: Bücher geordnet und aufgeräumt. Dann hat man „Dankeschön" gesagt und ist nach Hause. Er meinte dann: „Kommsch aber wieder. Näggschd Woch han i wieder äbbes fir de zom Schaffa!" So viele Sachen hatte er, daß er manches nicht mehr gefunden hat. Hinten hatte er noch Kämmerchen, da stand alles voll, da konnte man gar nicht beikommen. Dann gab's ein Stühlchen, das mußte

Die Buch- und Papierhandlung Häussler an der Nikolausbrücke (drittes Haus auf der rechten Seite)

man zuerst freiräumen, um sich hinsetzen zu können. Wenn man gegangen ist, sagte der Endreß: „Beig's au wieder druff!"

Eines Tages ging ich am Schaufenster der Buchhandlung Häussler vorbei, weil mich die Bildbände interessierten. Da sah ich, daß die Auslage unter Wasser gesetzt war. Schnell trat ich ein und meldete die Sache: „Eure Bildbänd stehn jo älle onder Wasser. Wo kommt denn des her?" Daraufhin verließen alle den Laden und begutachteten das unter Wasser stehende Schaufenster. Wir räumten alles aus, die Schulranzen wurden nach oben gestapelt, poliert, mit ein bißchen Kölnisch Wasser „behandelt" und mit Papier ausgestopft. Grund der Überschwemmung war eine defekte Wasserleitung gewesen, die hinter den ausgestellten Schulranzen verlief, so daß man den Schaden nicht sofort bemerkt hatte. Für meine Aufmerksamkeit und Mithilfe bekam ich dann einen schönen Bildband geschenkt. Zunächst einen beschädigten und einige Zeit später dann einen neuen.

Wer durch Calw geht, kann eine ganze Reihe wunderbarer Wirtshausschilder bewundern. Wie sind die entstanden? Der Schlosser, der im Winter nicht draußen auf dem Bau arbeiten konnte, stellte in dieser Zeit Wirtshausschilder her. Jedes einzelne auch noch so kleine Blättchen wurde auf dem Amboß geschmiedet. Das war eine Arbeit, die Monate gedauert hat.

Wie konnten in Calw früher 40 oder noch mehr Wirtschaften existieren? Das lag daran, daß die Betreiber praktisch kein Personal hatten. Der Wirt, seine Frau und die Kinder haben das meiste alleine gemacht. Der Faktor Lohn spielte dadurch überhaupt keine große Rolle.

Es gab ein paar Lokale, die einen Saal hatten. Etwas billiger war der „Saalbau Weiß", wo man die vielen Treppen hat hochsteigen müssen. Etwas teurer war der Saal im „Hotel Waldhorn". Wenn man eine Jahrgangsfeier oder so etwas abhielt, ging man halt in den „Saalbau Weiß". Dort wurden auch sehr gute Maultaschen serviert.

Der wesentlichste Unterschied war der, daß es früher keine Supermärkte gab, wo man Fleisch und Brot hätte kaufen können. Wir hatten mehr Bäckereien und Metzgereien. Und zu fast jeder Metzgerei oder Bäckerei gehörte ein Wirtschäftle. Es gab noch vor Jahrzehnten ziemlich viele Wirtschaften in Calw. Und das teilweise auf engstem Raum. Wenn ich da etwa an die Biergasse denke: Da war der Becken-Vogt (Bäckerei Vogt), zwei Häuser weiter war „d' Jungfer" (Lokal), im Haus daneben existierte der Becken-Frank (Bäckerei Frank), genau gegenüber in der Ledergasse gab's den Bären-Karle mit seiner Metzgerei – also vier Lokale auf engstem Raum. Das belebte damals die Gastronomie. Hotels gab's auch einige, den „Adler" und das „Waldhorn" zum Beispiel. Die haben aber für die Einheimischen keine zentrale Rolle gespielt. Vielleicht, daß man dort mal eine Fünfziger-Feier abgehalten hat. In diesen Bäcker- und Metzgerswirtschaften wurde fast rund um die Uhr ohne fremdes Personal gearbeitet. Da hat die ganze Familie mitgearbeitet. Mit 12 oder 13 Jahren ist der Bub schon morgens in der Backstube gestanden.

Eins muß man erwähnen: Fast alle Bäcker und Metzger hatten neben ihrem Geschäft auch noch ein „Wirtschäftle". Darüber wurde auch der Kontakt zu den Kundenfamilien aufrecht erhalten. „Dr Vadder" ging da eben hin, um sein Viertele zu trinken. Bei dieser Gelegenheit bezahlte er das, was in den letzten Tagen geliefert worden war. Oder andersherum: Das Begleichen der Rechnungen war ein willkommener Anlaß für einen Wirtshausbesuch. So hat das damals funktioniert. Und eben diese Kombination Metzgerei oder Bäckerei plus Wirtschaft hat die ganze Sache überlebensfähig gemacht. „Vadder, wenn du beim Bärenkarle bisch ond a Bier trenksch, brengsch mr au a halb Pfond Hackfleisch mit!" sagte meine Mutter. Und wenn jemand eine Wohnung gesucht hat, ging er in die Wirtschaft, um dort zu erfahren, wo eine frei war. Das war ganz geschickt.

Und dann gab's die Weinhandlungen. Dort deckte man seinen Weinbedarf und erhielt immer ein Weinglas dazu. So hat man mit der Zeit eine ganze Gläsersammlung zusammengekriegt. In der Weinhandlung Pfau hat man als Kind immer einen Zwieback bekommen. „Do komm her ond sitz ruhig naa, no kriagsch an Zwieback!" Ich hab' den Zwieback ja nicht so mögen, mir wär ein Anisbrot lieber gewesen.

Manchmal bekamen wir so große Bierstengel für 4 Pfennig oder eine Butterbrezel. Damit hat man sich zufriedengegeben.

A propos Butterbrezel: Da war ich einmal ganz enttäuscht! Ich war bei Schads, in der Jungfer, beim Theo in der Wirtschaft und bei Vogts. Als Jugendlicher hab' ich da immer mitgeholfen, auch wenn ich nur in den Ferien in Calw war. Das ging so bis ich achtzehn war. Nach dem Krieg kam ich nach Hause und sagte ganz entsetzt zu meiner Mutter, die mir Butter nur auf den dicken Teil der Brezel schmierte: „Du, Mama, i woiß au net, gugg amol naa. Die Margret duat mir net bloß normal Butter uff d' Brezel, die duat mir au no uff d'Ärmle Butter druff." Überall, wo ich mitarbeitete und deshalb auch mitessen durfte, schmeckte es natürlich viel besser als zu Hause. Ich bin nicht nur bei den Wirtschaften, sondern auch sonst bei vielen Leuten herumgekommen. Das war halt früher so. Es fand sich meistens auch „a G'schäftle" für mich, sei es Holzspalten oder Holz aufsetzen. Vor allem bei den Bäckern gab's immer was zu tun.

In Hillers Bierdepot droben mußte ich oft Bier holen. Und ganz Calw war ja gepflastert. Da bin ich mit dem Leiterwägelchen gefahren, zwei Kästen Bier unten und eine oben drauf. Das hat so gekleppert und gescheppert, daß ich kein Wort mehr verstanden habe von dem, was die Leute geredet haben. Das war ja für mich besonders schlimm, weil ich doch so neugierig war.

Heute wird alles berechnet. Das gab's früher nicht. Da erhielt man öfter mal was umsonst. Zum Beispiel, wenn eine größere

Rechnung beglichen wurde, dann hat's geheißen: „Do sitzed Se naa, was trenket Se, a Viertele oder a Bier?" Und dann holte man das Schreibzeug und quittierte die Rechnung. Das gibt's heute fast nur noch, wenn man zum Griechen oder Chinesen essen geht. Oder wenn eine Hochzeit gefeiert worden war, kam man zum Bezahlen vorbei. Bei dieser Gelegenheit erhielt man auch ein Essen und ein Glas Wein dazu.

Was auch erwähnt werden sollte, ist, daß früher jedes Lokal in Calw seinen Stammtisch besaß. Da hatten der Schreinermeister oder der Schlossermeister ihren Stammplatz, da hat sich niemand anderes hingesetzt. Diese Stammtische waren nach freundschaftlichen oder kollegialen Beziehungen oder auch nach den jeweiligen Straßen zusammengesetzt.

Dann gab es das sogenannte Kundschaftrinken. Ich war mit dem Bäcker Frank öfters unterwegs zum Kundschaftrinken. Da kam man in allen Wirtschaften herum. Und er hat mich oder jemand anderen mitgenommen, damit die Zeche ein bißchen höher ausfiel.

Hatte ein Wirt zum Beispiel zwei Söhne, so lernte der erste das Handwerk des Vaters und der zweite den Parallelberuf. War also der Vater Metzger, so wurde es der älteste Sohn auch, und der andere wurde Bäcker.

Mein Vetter Otto Giebenrath war Bäcker. Sein Vater hatte eine Bäckerei samt Gastwirtschaft. Heute ist dort ein Chinarestaurant untergebracht. Der Otto ist im Krieg gefallen, weshalb die Bäckerei aufgegeben und nur noch die Wirtschaft weitergeführt wurde.

Wo ich immer Bier holen mußte, bei Franks, da waren alle drei Jungs Soldat, einer ist gleich gefallen. Während des Krieges wurde die Wirtschaft geschlossen. Ende des Krieges wurden viele Wirtschaften und Bäckereien geschlossen. Die Söhne waren noch nicht wieder zu Hause und die Väter waren alte Leute. Es gab deshalb nur noch einige Metzgereien und Bäckereien.

Ich zum Beispiel bin überall herumgekommen. Die Bäckerwirtschaft Frank war meine zweite Heimat, da hab' ich aushelfen dürfen. Der alte Becken-Frank hat's nicht so mit den Kindern können, aber ich hab' alles machen dürfen. Dort hab' ich immer in der Mehlkammer „Spächtele" für den Backofen hergerichtet.

Drei Häuser weiter war der Becken-Vogt mit einer Wirtschaft, in der Ledergasse gab's vier oder fünf weitere, über den Marktplatz bis hinauf zum Schloß, die Badgasse raus. Da ist man überall hingekommen als Kind. Und was hab' ich gekauft? Keine Brezeln oder Wecken, sondern Nappo – au, schmeckte das gut! Das war so ein süße harte Masse, die mit Schokolade überzogen war und eine Rautenform besaß.

Sonntags ging die Familie in ein Gartenwirtschäftle. Man konnte zum Beispiel einen Spaziergang nach Hirsau machen. Dort gab's an der Nagold eine Gartenwirtschaft mit großen Kastanien, wo man eingekehrt ist. Wir Kinder bekamen ein Saitenwürstchen und ein Glas süßen Sprudel. Dort konnten wir „Fangerles" spielen oder Nachen fahren.

Und dann ist man natürlich in die Wirtschaften gegangen, die eine Metzgerei dabeihatten, weil da die Wurst besser schmeckte.

Auf dem Sonntagsspaziergang kehrte man ein, darauf hatte man ein wenig gespart. Die Älteren tranken ein Bier, und wir Kleinen bekamen unsere Saitenwürstchen – ich eins und mein Bruder eins. Dazu gab's einen Wecken. Das reichte. Wenn man dann nach Hause kam, hatte man schon zu Abend gegessen. Und dann ging's gleich ins Bett.

Ins Schützenhaus ist man auch gern gegangen. Die Erwachsenen konnten dort sitzen und die Kinder spielen. „Mach de aber ao net dreckig!" hieß es natürlich. Wieder daheim, mußte man das Matrosenkleidchen wieder ausziehen, zog andere Kleider an und durfte noch eine Weile „uff d' Gaß".

Beliebte Spazierwirtschäftle waren auch „'s Öländerle" oder der „Anker" in Kentheim. Weil man da als Kind oft hinkam, ging man später auch mit den eigenen Kindern dorthin.

Heil Hitler statt Grüß Gott

Drittes Reich, Kriegszeit und Kriegsende

Ich bin in Hirsau aufgewachsen. Im Jahr 1932 – damals war ich zehn Jahre alt – fanden fünf große Wahlen statt: außer den zwei Reichspräsidentenwahlen noch die württembergische Landtagswahl und zwei Reichstagswahlen. Deshalb waren in dieser Zeit überall große Wahlplakate zu sehen. Auf einem gab es beispielsweise ein Bild, wie ein SA-Mann eine Kette zerreißt. Darunter stand: „Nieder mit Versailles – Zerreißt die Fesseln von Versailles". Die Wahlpropaganda spielte eine große Rolle, nicht nur durch Plakate, sondern auch auf andere Art und Weise. In Hirsau befindet sich oberhalb der Ortschaft die sogenannte Kaiser-Wilhelm-Gedächtnis-Platte an einer Felswand. Zur Erinnerung an den ersten deutschen Kaiser steht darauf geschrieben: „Kaiser Wilhelm I. – 1871–1888". Er soll angeblich einmal hier vorbeigefahren sein. Was haben die Nationalsozialisten vor einer dieser Wahlen gemacht? Sie malten große Hakenkreuze links und rechts der Gedenkplatte. Damit wollten sie wohl deutlich machen: Das zweite deutsche Kaiserreich ist 1918 untergegangen und ein neues, ein „Drittes Reich" wird im Zeichen des Hakenkreuzes kommen. Das erregte damals großes Aufsehen. Und plötzlich flatterte eines Tages auf dem romanischen Eulen-Turm eine Hakenkreuzfahne. Der Turm ist ein Wahrzeichen Hirsaus und ein bemerkenswertes Denkmal. Ein paar Nationalsozialisten hatten eine mitgeschmuggelte Fahne während einer Klosterführung an einer Stange befestigt und zum Dach herausgehängt. Die Fahne wurde zwar wieder entfernt, aber einen ganzen Tag lang war sie zu sehen.

Am 30. Januar 1933 wurde von der SA ein großer Fackelzug durchs Brandenburger Tor in Berlin anläßlich Hitlers Machtübernahme veranstaltet. Ähnliche Umzüge gab es auch an anderen Orten. In Hirsau marschierte die SA in voller Uniform durch die Straßen. Voraus wurde die Hakenkreuzfahne getragen. Als dieser Zug durch den Klosterhof kam, standen viele Leute dort am Brunnen und sahen dem Vorbeimarsch zu. Plötzlich kamen einige SA-Männer, welche nicht in, sondern neben der Kolonne marschiert waren, auf die dort versammelten Leute zu und riefen empört: „Die

Fahne, die Fahne ist nicht gegrüßt worden!" Ich war damals elf Jahre alt und dachte: „Ha, was hättet denn die Leut macha solle? Hättet die ‚Grüß Gott' zur Fahne saga solle?" Der Hitlergruß wurde offiziell ja erst später eingeführt. Die NSDAPler benutzten natürlich den Hitlergruß, aber die Beobachter des Umzugs waren Zivilisten. Zudem war die Hakenkreuzfahne nicht die Staatsflagge. Das Verhalten dieser SA-Männer, welche die Leute anschnauzten, weil sie die Fahne nicht gegrüßt hatten, kam mir recht lächerlich vor. Ich erlebte damals das erste Mal, welch große Rolle die Fahne bei den Nationalsozialisten spielte. Das zeigte sich auch im Horst-Wessel-Lied („Die Fahne hoch") oder im Fest- und Feierlied der HJ, in dem es am Schluß heißt: „Ja, die Fahne ist mehr als der Tod". Es leuchtete mir keineswegs ein, warum so ein Fahnentuch mit dem Hakenkreuz drauf mehr sein sollte als der Tod.

Bei der ersten Wahl anno 1933 bestand noch die Möglichkeit, SPD und andere Parteien zu wählen, aber die KPD war schon ausgeschaltet. Im Laufe des Jahres 1933 wurden alle Parteien, außer der NSDAP, aufgelöst. Bei den folgenden Wahlen hat man nur noch mit „Ja" für Hitler stimmen können. Auf dem Stimmzettel gab es einen Kreis zum Ankreuzen. Wer mit „Nein" stimmen wollte, hatte gar keine richtige Möglichkeit dazu, denn es existierte nur dieser Ja-Kreis. Man konnte höchstens einen leeren Stimmzettel abgeben.

Ich erinnere mich noch an einen bronzefarbenen Anstecker mit der Aufschrift „Ja". Wer gewählt hatte, mußte sich so ein Ding ans Revers heften. Wer das nicht tat, setzte sich dem Verdacht aus, entweder nicht gewählt oder dagegengestimmt zu haben. Die Wahlen waren zwar geheim, aber wäre einer hinter den Schirm gegangen, so hätte es sofort geheißen: Der hat was zu verbergen! Und er wäre registriert worden. Man mußte also gleich vorne, so daß man's gesehen hat, sein Kreuz machen. So sah damals die „geheime Wahl" aus.

NSDAP vor Ort

Aus dem Hermann-Hesse-Platz wurde der Adolf-Hitler-Platz, eine Adolf-Hitler-Straße gab es auch. In Hirsau wurde im Kurpark eine Hitlerlinde gepflanzt. Ein Mädchen bekam den Namen Hitlerika, sie ließ sich später dann umtaufen. Auch eine Hindenburgia hatte es gegeben. Viele Kinder erhielten natürlich Adolf als Vornamen.

Kundgebung zum „Tag der Arbeit" am 1. Mai 1935

Die Frauen wurden zu Arbeiten verpflichtet. Meine Mutter war beim Wagner. Wenn's da nicht genügend Arbeit gab, dann mußte sie der Familie eines Calwer Nationalsozialisten Kleider waschen und flicken. Währenddessen trafen sich die Ehefrauen dieser Nazis in der NS-Frauenschaft zum Kaffeetrinken. Das gab dann mit der Zeit Unmut, daß die einen Frauen für die anderen schaffen mußten, damit diese sich in der Zeit vergnügen konnten.

Die Calwer Nazigrößen trafen sich in der Authenrietschen Villa, das war ihre Zentrale. Dort befand sich auch die Kreisleitung. Der Gefährlichste von allen war der Entenmann. Der empfahl meinem Vater, der als Eisenbahner nach Pforzheim kam und dort in den großen jüdischen Kaufhäusern günstige Einkäufe, auch für unsere Nachbarn, tätigte, dies zu unterlassen. Ansonsten komme er ins KZ. „Ja, do hosch du reacht. Aber du erlebsch's nicht mehr!" entgegnete ihm mein Vater auf diese Drohung.

Der Entenmann war für Propaganda zuständig und hat immer gebrüllt wie der Goebbels. Ich sehe sie noch vor mir, wie sie auf dem Marktplatz gestanden sind. An der Volksbank gab es früher solche Treppen mit einem kleinen Geländer, da konnte man links und rechts hochgehen. Dort standen sie dann und haben die Vorbeimärsche abgenommen. Ich höre heute noch, wie sie diese Sprüche „Die deutsche Jugend muß flink wie Windhunde, zäh wie Leder und hart wie Kruppstahl sein" von sich gaben. Und ich sehe auch noch die Bäumchen, die auf dem Marktplatz standen. Und den Lautsprecherwagen, der da bei Kaisers Café schräg auf dem Platz abgestellt war. Das sehe ich noch alles vor mir!

„'s Entamännle" ging auch immer fort zum Saufen. Und dann fuhr er stockbetrunken mitten in der Nacht während des Fliegeralarms mit angeschalteten Scheinwerfern nach Calw herein. Und das, obwohl oben drüber die Bomber flogen. Wir waren im Amt im Biergäßle oft spät noch zugange, und wenn wir ihn erspähten, wie er in die Ledergasse fuhr, sprang ein Mitarbeiter schnell hinaus und zog den Betrunkenen aus dem Auto. Mit dem allerersten Handgriff aber schaltete er die Scheinwerfer aus.

In Hirsau lebte die Tochter des Pfarrers Ölschläger, eine durchaus gescheite Frau und ehemalige Krankenschwester, die Schwester Johanna. Sie war begeistert von Adolf Hitler und verehrte ihn, wie viele andere auch, als einen halben, wenn nicht gar ganzen Herrgott. Deshalb hat sie den schönen Namen „Hitler-Ricke" bekommen. Und diese Hitler-Ricke hat 1932 versucht, viele Leute vor der zweiten Reichspräsidentenwahl dahin zu bringen, für Hitler zu stimmen und nicht für Hindenburg. Dafür ist sie von einem Ort zum anderen gepilgert, und auch in den Läden oder sonstwo hat sie die Leute überzeugen wollen, daß man als „guter Deutscher" nur Hitler wählen könne. Als nach der Stichwahl dieser gegen Hindenburg unterlegen war, stand auf einem Plakat in der Nähe ihres Hauses folgender Spottvers geschrieben: „O, Hitler-Ricke, bisch denn ganz meschugge und zwiefach gar noch so erzürnt? Dem Herrn ward lieb, daß die Vernunft sollt siegen – und nicht Du mit Deinem Hitlerglump!"

Carola Busch war als Verwandte nicht übel, aber als Nationalsozialistin war sie fanatisch und rechthaberisch. 1933/34 hat sie den BdM in Hirsau geleitet, ihre Schwester betreute die Jungmädel. Beide waren Anfang vierzig und damit schon relativ alt für diese Positionen. Es gab ja den Grundsatz: Jugend soll durch Jugend erzogen werden. Carola Busch ist später dann aufgestiegen und wurde Untergauführerin beim BdM.

Ich hatte zwei ältere Vettern, die Brüder Walter und Karl. Der eine war 26, der andere 28 Jahre alt. Der ältere war Finanzbeamter und der jüngere Notar. Jener war seit vielen Jahren Nationalsozialist. Nach 1933 wurden die sogenannten „alten Kämpfer", welche eine Mitgliedsnummer unter 100 000 besaßen, mit dem goldenen Parteiabzeichen ausgezeichnet, das war ein goldener Ring um das Hakenkreuz herum. Zu diesen Parteiveteranen gehörte jener Vetter. Sein Bruder, der Notar, war Kommunist der vornehmen Klasse, ein Salonbolschewist. Auf dem Calwer Jahrmarkt gab es vor 1933 schwarze Samtkissen, auf denen Parteiabzeichen angesteckt waren – also Hakenkreuze, Hammer und Sichel oder drei Pfeile. Mich hat das immer stark beeindruckt, daß da so ein Hakenkreuz ganz friedlich neben Hammer und Sichel gesteckt hat. Dann hab' ich mir vorgestellt: Wenn jetzt der eine das Hakenkreuz kauft und ein anderer kauft Hammer und Sichel, und sie stecken sich's an, dann kann so etwas zu Mord und Totschlag führen, gab es doch in jener Zeit Saal- und Straßenschlachten zwischen Nazis und Kommunisten, bei denen immer wieder Teilnehmer getötet wurden.

Jugend im NS-Staat

Ob du Briefmarken gesammelt hast, ob du Sport getrieben hast oder im Wanderverein warst – alles waren NS-Organisationen. Nur die kirchliche Jungschar hatte ihre Eigenständigkeit behalten.

Ganz entscheidend war, daß die Nazis es verstanden haben, die Jugend zu vereinnahmen. Manche BdM-Mädels waren scharf auf die Männer, die „sauberen Kerle" in Uniform. Und die Jungs haben natürlich auch die Mädchen gerne angeschaut: Wann oder wo hat man denn zu jener Zeit sonst ein Mädchen im Turndreß bewundern dürfen? Ich will gar nicht davon reden, was wir jungen Kerle damals für Ausdrücke für den BdM benutzten. Es übte halt schon eine Anziehungskraft aus.

Im Jungvolk hieß es dann: Sprechchöre einüben. Die mußten öffentlich hinausposaunt werden, so daß sie alle Leute hören konnten. Folgenden Sprechchor haben wir in verschiedenen Ortsteilen Hirsaus lauthals gebrüllt: „Norden, Süden, Osten, Westen – deutsches Jungvolk ist am besten!" Ich hielt den Text damals für ein dummes Geschwätz, denn welchen anderen Gruppen gegenüber sollte das deutsche Jungvolk „am besten" sein? Aber so etwas zu sagen wagte ich nicht.

Der Gedenktag zum Hitlerputsch 1923 in München, der

Die Hitlerjugend beim Umzug am 1. Mai 1933

9. November, wurde immer als großer „Partei-Tag" zelebriert. Jedes Jahr hat man eine Feier abgehalten, bei der ein Sprecher die sechzehn Namen der damals beim niedergeschlagenen Putschversuch erschossenen Nazis laut vorlas. Jedesmal, wenn ein Name genannt wurde, mußte ein Hitlerjunge rufen: „Hier!" Das sollte bedeuten, daß der Erschossene im Geiste der Partei weiterlebt. Mir kam das lächerlich vor. Wie konnte man denn für einen vor Jahren in München Erschossenen „Hier!" schreien?

Vor Weihnachten schaute der Fähnleinführer vorbei. Alles war versammelt und hörte sich die „große Rede" des „kleinen Führers" an. „Ein richtiger Pimpf", forderte dieser, „der wünscht sich keine Eisenbahn oder anderes Zeug zu Weihnachten, ein richtiger Pimpf, der wünscht sich eine Überfallhose!" Damit meinte er eine Art Skihose, welche über die Knöchel fiel und statt der kurzen Uniformhose im Winter zum Braunhemd getragen werden sollte. Sogar bei den Weihnachtsgeschenkwünschen wurde uns also einzurichten versucht, was wir zu tun und zu lassen hätten.

Einmal gab es eine Jungvolk-Zusammenkunft von Liebenzellern, Hirsauern und anderen, bei der ich nicht dabeisein konnte. Hinterher wurde mir erzählt, daß da ein ganz „scharfer Sauhond" aus dem „großen Vaterland" aufgetreten sei. Bei dem hätte alles ruckzuck gehen müssen. Und der hätte gesagt: „Wenn ich pfeife, dann spritzen alle!" Später verstand ich, was er damit meinte, aber damals dachte ich: „Haidenei, des muaß doch a Mordsdrecksau sei, wenn der verlangt, daß älle da Hosalada uffmachet, sobald der pfeift!"

Ich besuchte die fünfte Klasse in der Hirsauer Volksschule. Der Lehrer hatte uns Rechenaufgaben gestellt, und während wir diese bearbeiteten, saß er am Pult und las Zeitung. Plötzlich stand er auf und kam auf den Schüler zu, dessen Mutter die Calwer Zeitung in Hirsau ausgetragen hat, und sagte: „Hier steht doch, daß ein SA-Mann aus Hirsau, ein Sp., einen Kommunisten getötet hat! Weißt Du, wer der Sp. ist?" Der angesprochene Schüler sagte gar nichts, sondern ballte die Faust, und zeigte mit dem Daumen auf den Buben, der hinter ihm saß. Der Lehrer wendete sich zu dem und fragte: „Was war denn da los?" Der Junge heulte und sagte: „Mein Bruder ist mit anderen SA-Leuten in eine Schlägerei mit Kommunisten geraten. Er wurde von einem Kommunisten von hinten gepackt. Um sich zu befreien, zog er aus seiner Tasche eine Pistole und schoß nach hinten. Er traf den Kommunisten ins Herz. Der fiel um und war tot." Dieses schreckliche Erlebnis zeigt, wie sich die manchmal tödlich endenden Auseinandersetzungen im Jahr 1932 bis in die Schule hinein ausgewirkt haben.

In der Schule wurde offiziell der Hitlergruß eingeführt. Der Lehrer mußte zu Beginn und zu Ende der Unterrichtsstunde den Arm heben und „Heil Hitler" sagen. Für die Schüler galt dasselbe. Diese Grußform setzte sich langsam auch in der Öffentlichkeit durch.

Selbstverständlich schon vorher benutzt wurde der Hitlergruß von den „hundertprozentigen Nazis". Aber als mich meine Verwandte Carola Busch eines Tages mit Handschlag und „Heil Hitler, Siegfried!" begrüßte, da blieb mir allerdings die Spucke weg – hatte man sich doch beim Händeschütteln immer noch mit „Grüß Gott" begrüßt.

Das muß 1943 gewesen sein, denn ich war damals sechzehn Jahre alt. Unser Jahrgang wurde namentlich in die Turnhalle drunten am Brühl einbestellt. Es hieß, ein Mitglied der SS halte abends einen Vortrag. Es fanden sich zur genannten Zeit ungefähr 15 bis 20 junge Männer ein. Sobald wir in der Halle waren, kam schnell einer und schloß die Tür ab. Hoppla! – dachte ich. Es hielt dann auch einer einen Vortrag über die „Heldentaten" und den „Ruhm" der Waffen-SS. Wir seien jetzt doch bestimmt überzeugt, meinte der Referent. In die bereitliegende Liste sollten wir uns als Freiwillige zur Waffen-SS eintragen. Also vortreten! Es meldete sich keiner. Doch – einer, der austreten mußte. Der ist dann auch gleich durchs Klofenster getürmt. Immer noch meldete sich keiner. Jetzt wurden wir einzeln vorgeknöpft. Ob wir was gegen die Waffen-SS hätten? Eine Ausrede nach der anderen mußte da gefunden werden. Als die Reihe an mich kam, behauptete ich, ich wolle zur Luftwaffe. Da die Waffen-SS keine Luftwaffeneinheit besaß, war ich aus dem Schneider! In acht Tagen kämen sie wieder, dann müßte ich den Stellungsbefehl vorlegen. Ich mußte mich also freiwillig zur Luftwaffe melden, nur um dem Beitritt zur Waffen-SS zu entgehen.

Partei und Kirche

An Ostern 1933, also ein Vierteljahr nach der Machtübernahme, wurde in Hirsau ein Feldgottesdienst abgehalten in den Ruinen der Peter-und-Pauls-Kirche. Der damalige Stützpunktleiter, Pfarrer a. D. Karl Ölschläger, war Mitglied bei den Deutschen Christen. Als ehemaliger Pfarrer hatte er das Recht zu predigen und nutzte das auch in seinem Sinne aus. Die Deutschen Christen standen ganz im Gegensatz zur Bekennenden Kirche. In der Tageszeitung kam folgender Bericht über diesen Gottesdienst: „Die Osterfeiertage brachten überaus lebhaften Verkehr in den im herrlichen Frühlingssonnenschein prangenden Kurort Hirsau. Schon in aller Frühe des Osterfestes wurde es lebendig, erwartete man doch allenthalben mit Spannung den Sturmbann 2/119, der hier im idyllisch gelegenen Pfarrgarten einen Feldgottesdienst abhalten wollte. Gegen 9 Uhr kam die SA mit zehn Fahnen in strammem Marschtempo mit militärischem Schneid und klingendem Spiel anmarschiert. Um 9.15 Uhr begann der Gottesdienst, der auf dem Südfunk übertragen wurde. Er wurde eingeleitet mit dem Choral ‚Wir treten zum Beten', worauf der Stützpunktleiter der hiesigen NSDAP-Gruppe, Pfarrer a. D. Ölschläger, die tief empfundene, von Herzen kommende und zu Herzen gehende Festpredigt hielt. Ausgehend von Worten der Heiligen Schrift zeigte er

Feldgottesdienst der „Deutschen Christen" in Hirsau (Ostern 1933)

zunächst, wie auf den kahlen Ostermorgen noch die Schatten des Karfreitags fallen, wie die Freude der nationalen Erhebung des deutschen Volkes getrübt ist durch die Erinnerung an den Tod der 2 Millionen im Weltkrieg Gefallenen und durch den Tod zweier SA-Kameraden aus den hier versammelten Reihen. Dann aber brach aus der Rede die Freude durch über die Wiedererneuerung unseres geliebten deutschen Vaterlandes, die Freude, daß das Volk nach tiefem Schlaf wieder erwachen will zu neuem Leben und wieder zurückkehren will zu den deutschen Tugenden der Wehrhaftigkeit, der Ehrbarkeit, der unwandelbaren Treue, der rechten Frömmigkeit des Christenglaubens und des unerschütterlichen Hoffens. Mit Worten der innersten Überzeugung vom Anbrechen einer neuen Zeit, mit Worten des Glaubens an den baldigen Wiederaufstieg des deutschen Volkes schloß der Redner seine gehaltvolle Ansprache. Nach dem Gesang des Chorals ‚Nun danket alle Gott', nach dem Schlußgebet und nach dem Chor ‚Lobet den Herren' und einem begeistert gesungenen Vers des Deutschlandliedes war die erhebende Feier, die auf viele wohl einen unvergeßlichen Eindruck gemacht haben dürfte, zu Ende."
Das ist ein Beispiel dafür, wie die Nationalsozialisten schon von Anfang an versucht haben, die evangelische Kirche an ihr Gängelband zu bekommen, und viele Christen erkannten das nicht

oder wollten es nicht wahrhaben. Deshalb konnte der Ortspfarrer im Gemeindeblatt sogar auf „das seltene Schauspiel eines Feldgottesdienstes" empfehlend hinweisen.

Es gab in Hirsau einige Mitglieder der Deutschen Christen, aber eine größere Gruppe ist das wohl nicht gewesen. Die treibende Kraft war der Ölschläger. Er saß sonntags immer in der Kirche und machte Notizen über das, was der Pfarrer von der Kanzel verlauten ließ, um möglicherweise Belastendes zu finden gegen die Bekennende Kirche. In Unterreichenbach gab's den Pfarrer Gundert. Das war einer der wenigen, die von Anfang an gegen den Nationalsozialismus eingestellt waren – im Gegensatz zu vielen anderen Pfarrern.

Unser Konfirmationsjahrgang im Jahr 1936 war der erste, dessen Buben und Mädchen eigentlich in Uniform in der Kirche hätten erscheinen sollen. Der Pfarrer spielte aber nicht mit und sagte, die Mädchen sollten in ihren schwarzen Kleidchen kommen. Der Streit um diese „Kleiderordnung" spitzte sich derart zu, daß unser Pfarrer während des Konfirmationsgottesdienstes vor lauter Aufregung mitten im Vaterunser stecken blieb und nicht mehr weiter wußte. Er fing das Gebet wieder vorne an und als es wieder so aussah, als könne er nicht mehr weiterbeten, führte ich das Gebet fort, wofür er sich hernach bedankte. Bis zu diesem Zeitpunkt sei es gegangen, meinte er nach dem Gottesdienst, doch dann hätte er nicht mehr können, weil hinten in der Kirche plötzlich einer mit der Hakenkreuzfahne erschienen sei.

Bedrückendes

Auf dem Landratsamt wurden die Judensterne ausgegeben. Zum Registrieren und Kontrollieren, wer den Judenstern abgeholt hat, wurde ein junges Mädchen eingesetzt. All die Herren des Landratsamtes weigerten sich, diese Aufgabe zu übernehmen. Die Kollegin aus Unterreichenbach, die dazu eingeteilt war, sagte zu mir: „Was moinsch denn? I muaß des macha!" Sie hätte auch mit ihrem Vater und ihrem Onkel darüber geredet. Eines Tages kam sie heulend an und sagte, sie könne das nicht mehr machen, sie würde keine Judensterne mehr ausgeben. Das solle ein Beamter übernehmen. Nachdem sie daraufhin unter Druck gesetzt wurde, kündigte sie und ging weg vom Amt.

Entweder du hast mitgemacht oder du mußtest Schlimmes befürchten. Und wenn du bloß zum Schein mitgemacht hast. Wenn sie dann nur nicht herausbekommen haben, was du denkst. Und da stellten sie einen manchmal auf die Probe, wie mich in der Schule beispielsweise. Eines Tages, das muß also vor 1943 gewesen sein, äußerte der Lehrer im nationalpolitischen Unterricht zur Klasse sinngemäß, wir müßten soweit kommen, daß wir alle diese Untermenschen im Osten kaltblütig erschießen. Das sei unsere Aufgabe, und damit müßten wir uns auseinandersetzen. Kurz darauf sagte er zu mir: „Hier ist deines Bleibens nicht. Wir wissen, was dein Vater denkt." Da hat's bei mir natürlich geklingelt! Er provozierte mich vor der Klasse, indem er über meinen Vater herzog. In mir brodelte es fürchterlich, aber ich sagte mir: „Ganz ruhig bleiben!" Daraufhin schalt mich der Lehrer einen Feigling, der seinen Vater beschimpfen ließ. Ich dachte mir: „Mich lockst du nicht aus der Reserve, denn wenn ich mich mit dir anlege, dann bist du der Ältere und Erfahrenere, der mich fertig macht. Wenn ich nichts sage, dann hast du keinen Grund dazu." Dieses Erlebnis ist mir lange nachgegangen, hat mich unheimlich bedrückt. Ich hatte mich selber unterdrücken müssen, damit ich nicht etwas sage, das nicht gepaßt hätte. Mein Vater sagte immer: „Was am Tisch dr'hoim g'schwätzt wird, goht neamerd ebbes a!" Wenn ich das erzählt hätte, was dort geredet wurde! Vor allen Dingen war 1942 ein Onkel von mir – er war Schriftsteller – ins KZ gekommen. Das haben die hier natürlich auch gewußt und gedacht: Ha, in dieser Familie ist es nicht mehr ganz koscher! Da ist nicht mehr alles so, wie es sein sollte!

Nachdem meine Schwester wegen angeblicher Kontakte zu einem polnischen Kriegsgefangenen ins KZ gekommen war, wurden wir von der eigenen Verwandtschaft geschnitten. Die Brüder und Schwägerinnen meiner Eltern grüßten uns fortan nicht mehr. Sie wichen auf die andere Straßenseite aus, wenn wir ihnen über den Weg liefen. Das war schon schlimm!

Als das mit der Erna war, da ging ich noch im Salzkasten zur Schule. Während der Pause hieß es plötzlich: „Au, da ist etwas los, da unten auf dem Marktplatz!" Es stellte sich heraus, daß dort einem Verdächtigen die Haare geschoren wurden. „Da gehe ich nicht hin!" sagte ich mir. Mein einziger Protest war, daß ich nicht bei so einer Prozedur zugeschaut habe. Das war natürlich blöd, das hat ja nur mir genützt und niemand anderem! Ich habe mich halt nicht an solchen Dingen beteiligen wollen. Ich wollte da nicht mit reingezogen werden.

Um dem bedrückenden Dasein des Soldatenalltags ein wenig zu entfliehen, verfaßte ich eine Parodie auf ein nationalistisches Gedicht von Rudolf Alexander Schröder, das wir immer in der HJ gesungen hatten. Das Gedicht beginnt „Deutschland, heiliges Wort, du voll Unendlichkeit..." – meine Parodie dagegen lautete: „Barras, scheußliches Wort, / Du, du voll Kleinlichkeit, / Über die Zeiten fort / Seist du vermaledeit, / Verflucht deine Schinderei, / Verflucht sei dein Zwang / Und der Krampf deines Einerlei / Verflucht stundenlang."

Opfer der NS-Herrschaft

Der Bäckermeister Schnürle wurde, weil er nicht zur Wahl gegangen war, von der SA durch die Stadt geführt. Er mußte ein Plakat tragen mit der Aufschrift „Ich habe nicht gewählt. Ich bin ein Landesverräter." Vornedraus zog der Spielmannszug der SA.

Ich hatte einen Schulkameraden namens Lehmann, der in der Bahnhofstraße wohnte. Er war Halbjude und durfte deshalb nicht ins Jungvolk gehen.

In unserem Jahrgang gab's einen, der durfte beim „Dienst" nur in Zivil mitgehen, weil er Halbjude war. Wir haben uns damals auch keine großen Gedanken um den Jungen gemacht. Was nachher mit dem passiert ist, weiß ich nicht.

Vis à vis von meinem Elternhaus befand sich der Stall des Reit- und Fahrvereins. Der Karl Zügel von der Handelsschule und der Apotheker Reichmann waren die „Väter" dieses Vereins. Ein mit den beiden befreundetes Vereinsmitglied war der Otto Michelsohn. Als Offizier hatte er am Ersten Weltkrieg teilgenommen und war ausgezeichnet worden. Er war vom Scheitel bis zur Sohle deutschnational eingestellt. In der Biergasse hatte er sein Textilgeschäft gehabt, war Inhaber der Firma „Geschwister Kleemann". Aus Protest gegen die Ausschreitungen in der „Reichskristallnacht" legte er am nächsten Tag sein EK I und EK II auf einem blauen Samtkissen ins Schaufenster seines Geschäfts. Eines „schönen Tages" mußten ihm seine Duzfreunde eröffnen: „Otto, wir können jetzt dann nicht mehr für dich garantieren!" Daraufhin ist der Otto Michelsohn fortgezogen. Er soll noch einige Zeit in Pforzheim gelebt haben. Was aus ihm wurde, ob er gestorben ist oder umgebracht wurde, weiß ich nicht. Der Michelsohn war ein ganz angesehener Calwer Bürger gewesen.

Ich hab' ihn gut gekannt, weil ich seine Stute, die Ninive, ab und zu hinausreiten durfte in die Reithalle, wenn ihm die Zeit dazu nicht reichte. Er kam mit dem Fahrrad hinterher. Dann ritt er dort eine halbe Stunde, und ich brachte das Pferd wieder zurück.

Ein ebenfalls trauriges Schicksal ereilte die Lindenwirtin, die Frau Creuzberger, die halbjüdischer Abstammung war. Sie wurde abgeholt und ins KZ Theresienstadt gebracht, wo sie an Typhus starb. Zuvor war ihr Mann bei einem Verkehrsunfall ums Leben gekommen. Dieser hatte ein Gewehr daheim und erklärte, wer seine Frau holen wolle, werde erschossen. Es gab deshalb Spekulationen, ob bei dem Unfall jemand die Hand im Spiel hatte. Nach dessen Tod jedenfalls war die Witwe Creuzberger schutzlos. Diese Frau hat so vielen Calwern Gutes getan und war deshalb sehr angesehen. Wer arm war, bekam Suppe von ihr. Die war so anständig. Sie besaß zwar Gift, aber sie sagte, das nehme sie nicht. Der Schutzmann von Calw weigerte sich, sie abzuholen. Einige SA-Leute nahmen ihm diese Arbeit dann ab.

Von einem polnischen Kriegsgefangenen, der in Wildberg in einem Lager interniert war, weiß ich, daß die Calwer SA-Größen, Handwerker und andere Geschäftsleute, sich diese Leute als billige Arbeitskräfte aussuchen konnten. Er selber hatte ein Zimmer im damaligen Café Wurster, sein Verdienst lag bei 46 Pfennigen. Die Söhne derjenigen, die ein Geschäft oder einen Laden betrieben, befanden sich als Soldaten im Krieg. Deshalb wurden als Handwerkskräfte diese Kriegsgefangenen eingesetzt.

In Althengstett gab es einen Vorfall. Dort wurde 1941 ein polnischer Zwangsarbeiter wegen eines angeblichen Verhältnisses mit einem Althengstetter Mädchen an der Abzweigung nach Ostelsheim und Simmozheim bei der Tankstelle am Wald aufgehängt. Die komplette SA von Calw sowie die Hitlerjugend hat dort hinaus müssen. Eine NS-Krankenschwester hat mir dazu erzählt: „Wir sind mit unseren Ärzten nach Liebelsberg gefahren, damit wir den Schwindel nicht mitanschauen mußten, als die ganze SA zum Bahnhof hinausmarschiert und mit den Zügen rausgefahren ist, um zuzuschauen, wie der Pole gehängt wird." Alle Zwangsarbeiter aus der Umgegend wurden gezwungen hinterherzumarschieren. Der Pole mußte auf einem Lastwagen stehen. Die ganzen Nazis sind drum herum gestanden, als er dann gehängt wurde. Einer hat's fotografiert, das Bild hat auch existiert, aber keiner weiß, wo es nach dem Krieg abgeblieben ist. Der Leichnam des erhängten Polen wurde dem Anatomischen Institut der Uni Tübingen überstellt. Seine Überreste wurden auf dem Tübinger Friedhof anonym verscharrt.

Ich bin deshalb darauf zu sprechen gekommen, weil es von diesem Polen hieß, er hätte ein Verhältnis mit meiner Schwester gehabt. Dann hat sich herausgestellt, daß dieser zu Unrecht verdächtigt worden war. Derjenige, der dann dem Verdacht ausgesetzt war, ist genau wie meine Schwester ins Gefängnis und ins Konzentrationslager gekommen. Die beiden haben sich überhaupt das erste Mal in Stuttgart vor dem Volksgerichtshof gesehen. Der angeklagte Pole hat mir das persönlich erzählt, er hat das nämlich alles überlebt. Im Lager Welzheim bekam er Betäubungsmittel verabreicht, dann wurden beide mit verbundenen Augen in eine Zelle gesperrt. Sie wurden belauscht, konnten aber gar nichts miteinander reden, da sie nur die ganze Zeit weinten. Entschädigung wurde nach dem Krieg keine geleistet, da die bundesrepublikanische Justiz der Ansicht war, meine Schwester sei keine politische Gefangene gewesen, sondern auf der Grundlage gültiger nationalsozialistischer Gesetze, gegen die sie verstoßen habe, verurteilt worden. Sie war aber aus politischen Günden eingesperrt gewesen, denn sie mußte den roten Winkel tragen.

Draußen bei der Eisenbahnbrücke Richtung Nagold hatte es ein Gefangenenlager gegeben, in dem 80 bis 100 russische Offiziere interniert waren. Es existierte von 1942 bis 1945 und lag etwas versteckt rechts neben der Tunneleinfahrt. Stacheldraht kann man noch finden, aber ansonsten ist das in Vergessenheit geraten. Die Latrinen wurden später zugedeckt, und ein Kinderspielplatz wurde angelegt. Man erfährt auch nicht viel darüber. Ein Calwer Wirt, der als Mitglied der Landesschützen als Bewacher eingesetzt war, hat mich in den achtziger Jahren in seiner Wirtschaft nicht mehr bedient, weil ich in dieser Sache nachgeforscht habe.

Bei uns haben auch einmal zwei russische Kriegsgefangene gearbeitet. Man konnte, wenn man Arbeitskräfte benötigte, dorthin gehen. Als mein Vater einen kleinen Bunker im Wald bauen wollte, holte er dafür zwei Russen. Die beiden wurden von einem Wachmann beaufsichtigt. So ein Blödsinn, dachte ich damals, zwei arbeiten und ein dritter steht mit dem Gewehr daneben, nur um die zu bewachen.

Kriegszeit

Im September 1939 trat ich meine Stelle im Landratsamt an. Gleich am Samstag nachmittag mußte ich Dienst schieben. Nun, ich hatte keine Ahnung von der Telefonanlage. Und da kam ein Anruf von der Kommandostelle Berlin. „Moment, ich verbinde Sie" sagte ich. Der zuständige Beamte aber war nicht da. Ich überlegte, wie ich das Gespräch wieder nach oben bekommen konnte. Ich eilte also die Treppe hinunter und meldete mich mit verstellter Stimme: „Der Herr ist leider nicht da. Moment, ich verbinde Sie wieder zurück!" Danach rannte ich wieder nach oben. Dann kam die Frage, wo denn der Landrat sei. Gerade in diesem Augenblick fuhr das Auto des Landrats vor. Ich riß das Fenster auf und rief: „Herr Landrat, kommed Se schnell!" Er sauste die Treppe hoch und führte dann das Telefongespräch. Ich war in der Zwischenzeit nach unten gegangen, um die Haustür zu schließen. Als ich zurückkam, nahm er mich in den Arm und sagte: „Kind, das war die schlechteste Nachricht: Wir haben Krieg!" Danach mußte ich die zuständigen Herren zusammenrufen. Nachdem alle versammelt waren, versuchte ich das Postamt zu erreichen. Ich wußte aber nicht, wie die Verbindung herzustellen war, denn damals wurde ja noch „gestöpselt". Schließlich gelang es mir aber doch. Ich bat die zuständige Person, für das Landratsamt die Leitung freizuhalten. Tags darauf kam der Landrat mit zwei schönen Blumensträußen und zwei großen Pralinenschachteln. Einen Blumenstrauß und eine Schachtel Pralinen erhielt die Postangestellte. Die andern beiden Geschenke bekam ich. Zu Hause fragte mein Vater nur: „Wo brengsch du denn die Praline her? Des gibt's doch gar net! Hosch du z'viel Geld?" „Die han i gschenkt kriagt!" Das konnte er nicht glauben. Auf Nachfrage beim Landrat bestätigte dieser den Sachverhalt. So streng war das damals!

Wir hatten viele Einquartierungen von Soldaten. 1940, während des Frankreichfeldzugs, war ja der Generalstab hier in der damaligen Truppführerschule untergebracht. Im Hotel „Wald-

Von der Jugend neugierig bestaunt: die einquartierten Soldaten (1941)

horn" waren auch sechs oder sieben Generäle. Heute stehen noch die Flakhäuschen oben am Grünen Weg. Da gab's in Calw Einbahnstraßen. Das seh' ich noch wie heute, denn ich bin natürlich auch an der Straße gestanden, weil mir das gefallen hat, wie die Motorräder 's Biergäßle hochgerast sind und 's Kronengäßle herunter. Ich war damals zehn Jahre alt und fragte meine Mutter, ob ich zu den Soldaten hinauf gehen dürfe. Da habe ich ab und zu bei denen da oben geschlafen. Das hat uns jungen Burschen gefallen und den Soldaten natürlich auch. Die sagten zu uns: „Komm, kriegst von uns ein Fleischküchle. Gehst zu deiner Mutter und guckst, daß du ein wenig Geld dafür kriegst, und bringst uns vom Metzger dafür frische Wurst." Das haben wir gemacht. Und dann durften wir von der Feldküche essen, das schmeckte uns viel besser als daheim!

Daß Soldaten damals angesehen waren, hing auch damit zusammen, daß Calw gerade noch so an der Grenze der entmilitarisierten Zone gelegen hatte. Nach dem Ersten Weltkrieg durfte bis nach Calw oder noch ein bißchen weiter kein deutscher Soldat in Uniform sich aufhalten. Das wurde ja von Hitler geändert, und so sind plötzlich wieder Soldaten gekommen, was man dann auch irgendwie „genossen" hat.

Im Januar 1940 habe ich mich freiwillig gemeldet. Ich war damals achtzehneinhalb Jahre alt. Mein Vater stimmte dem unter einer Bedingung zu: ich sollte mich zu einem Pionierbataillon melden, denn das wäre die einzige Truppe, bei der man etwas lernen könne. So kam ich als Rekrut zu den Pionieren nach Südmähren. Danach habe ich am Frankreichfeldzug 1940 teilgenommen. Und dann kam ich nach Rußland, wo ich im Dezember 1941 leicht verwundet wurde. Über Zwickau kam ich dann ins Reservelazarett nach Bad Liebenzell, welches aus einer ganzen Reihe Teillazaretten bestand. Das heutige Klosterhotel in Hirsau wie auch das Badhotel in Teinach zählten dazu. Im Hirsauer Klosterhotel hatte ich mein schönstes Erlebnis. Ich war übern Mittag natürlich mit dem Fahrrad nach Calw nach Hause gefahren. Bis drei Uhr war nämlich absolute Mittagsruhe im Haus, es durfte kein Wort gesprochen werden. Kurz vor drei kam ich zurück, damit ich pünktlich zur Stelle sein konnte. Vor mich hinpfeifend ging ich die Treppe hoch, als unten plötzlich die Tür aufgeht: „Hallo, sind Sie der Pfeifer?" wurde ich gefragt. „Nein, Herr Oberfeldarzt", antwortete ich mich umdrehend, „ich bin der Obergefreite Lebzelter." „Ich will wissen, ob Sie gepfiffen haben!" „Jawohl, Herr Oberfeldarzt", sagte ich und dachte schon, jetzt werde ich eingesperrt. „Was haben Sie gepfiffen?" „Zweiter Satz aus Mozarts Kleiner Nachtmusik, Herr Oberfeldarzt!" Der Oberfeldarzt drehte sich um: „Feldwebel, der Mann fährt nach Salzburg!"

1940 sind auch die ersten zwei Bomben gefallen – dort oben, wo heute das Bürogebäude von „Bauknecht" steht. Da bin ich den Arbeitsdienstkompanien, welche die Bombentrichter begutachteten, hinterhermarschiert und konnte hören, wie ein Truppführer zu den anderen sagte: „Das werden nicht die letzten gewesen sein!"

Abgeworfen wurden die Bomben nachts: Wir sind aus dem Bett gesprungen und haben gerade noch das Feuer gesehen – und dann war alles vorbei. Wir konnten gar nicht so schnell begreifen, was eigentlich passiert war. Da hat ein Bomber halt abgeladen, gezielt hatte der nicht. Unser Physiklehrer hat am Tag nach dem Bombenabwurf ausrechnen lassen, daß die Bomben, zwei oder drei Sekunden später ausgelöst, auf Calw gefallen wären.

In Stuttgart war ich nach einem Fliegerangriff einmal acht Stunden verschüttet. Das war im September 1944. Wir wurden wieder ausgegraben, doch muß ich solch einen Schock gehabt haben, daß ich von Stuttgart nach Calw heimgelaufen bin. Und das mit 14 Jahren! Ich bin durch ganz Stuttgart gelaufen, durch Feuerbach und Zuffenhausen. Ein mit Soldaten besetzter Lastwagen nahm mich mit in Richtung Leonberg. Nach einem Jagdbomberangriff bei Ditzingen entschloß ich mich, zu Fuß weiterzugehen. So bin ich morgens um fünf Uhr in Calw angekommen – zerlumpt und verdreckt!

Am Karfreitag hatte ich noch Dienst gehabt. Abends ging ich beizeiten ins Bett. Am andern Morgen, um fünf Minuten nach halb acht, haben wir alles verloren. Außer den Kleidern, die an der Garderobe hingen. Die hatte man gepackt und war beim Alarm in den Keller gegangen. Zum ersten Mal waren wir in den

Nach dem Fliegerangriff auf Calw am Ostersamstag 1945 um 7.35 Uhr: ein zerstörtes Haus in der „Steinrinne"

Keller gegangen. Bei den vorherigen Fliegeralarmen waren wir immer draußen geblieben und hatten geschaut, was passierte. Da aber die Verordnung herauskam, daß man im Falle einer Verwundung auch noch bestraft werden würde, hatten wir uns in den Keller begeben.

Der Calwer Heinz Schnaufer war der erfolgreichste Nachtjäger im Zweiten Weltkrieg. Er verzeichnete als Jagdflieger 132 Abschüsse bei Nacht. Das war der sogenannte „Verfechter der wilden Sau", denn er hatte das Maschinengewehr auf seinem Flugzeug so angebracht, daß er die viermotorigen Bomber von unten beschießen konnte. Deshalb hat er so viele abgeschossen. Der Schnaufer war so ehrgeizig, daß er, als er einmal einen Bomber nicht abschießen konnte, diesen rammte und selber mit runter mußte. Das ist auch so ein Kapitel!

Der Schnaufer bekam auch eine Auszeichnung. Hier in Calw im Volkstheater wurden ihm Brillanten überreicht. Da mußte alles antreten, es gab keinen Platz mehr. Die Familie erhielt in Calw ein Grundstück.

Er stammte aus der Weinhandlung Schnaufer, und nach ihm benannt ist die heutige Heinz-Schnaufer-Straße. Auf seinem Grabstein steht: „Hier ruht der beste und nie besiegte Nachtjäger des Zweiten Weltkrieges Major und Geschwaderkommodore Heinz Schnaufer." Er kam sehr jung ums Leben. Mit dem Auto wollte er seinen früheren Einsatzhafen in Frankreich besuchen. Wenige Kilometer davon entfernt wurde er, als er einen Lastwagen überholte, von einer herabfallenden Sauerstoffflasche erschlagen. Das war alles etwas myteriös. Der Sarg durfte nach der Überführung nach Calw nicht geöffnet werden. Es war noch viel zu früh gewesen für einen Besuch im vormaligen Feindesland. Aber über solche Bedenken hatte er sich halt hinweggesetzt!

Jetzt will ich noch auf etwas zu sprechen kommen, das sich auch in Calw ereignet hat. Bei der LUFAG waren in den letzten Kriegsmonaten an die 200 Jüdinnen beschäftigt. Ein Bekannter hat mir erzählt, wie er auf eine Kolonne zerlumpter Frauen mit SS-Begleitung getroffen ist. Auf seine Frage, was das zu bedeuten habe, drohte die SS-Begleitung: wenn er nicht ruhig sei, werde er sofort mitgenommen. „Ich bin Frontsoldat und im Moment auf Heimaturlaub", erwiderte der Angesprochene, „ich nehm' dich mit nach Rußland!" Daraufhin schwieg der SS-Mann.

Kriegsende

Im Landratsamt hatte man ja die telefonischen Verbindungen. Deshalb wußten wir, daß die französische Armee durchs Enztal vorrückt. Der Bürgermeister von Oberreichenbach gab nach Calw durch, was bei ihm vor Ort sich abspielte: „Achtung, Achtung, jetzt sind sie in Oberreichenbach. Jetzt sind sie da." Im Hintergrund hörte man Lärm. „Jetzt kommen sie die Treppe hoch. Jetzt kommen sie herein." Dann hat's „patsch" gemacht, die Leitung war tot, das Bürgermeisteramt in Oberreichenbach besetzt.

Unmittelbar vor dem Einmarsch der Franzosen kam der oberste Calwer Polizist ins Landratsamt. Er spuckte große Töne und fuchtelte mit einem kleinen Revolver. Als französische Soldaten die Altburger Straße herunterkamen, ging dieser Polizist mit dem Revolver bewaffnet nach draußen. Die ersten Soldaten, die kamen, entwaffneten ihn, luden ihn auf ein Fahrzeug und nahmen ihn mit. Die Person, die den Polizisten begleitet und aufgepaßt hatte, daß dieser nichts Dummes anstellte, kam zurück und meldete: „Herr Landrat, die Gefahr ist beseitigt; er ist in den Händen der Franzosen!" Ebendieser Polizist hatte zuvor auch schon mit dem Maschinengewehr vom Dach des Landratsamtes auf angreifende französische Flugzeuge schießen wollen. Er konnte aber noch davon abgebracht werden durch das Argument, daß er durch seine Aktion die völlige Bombardierung Calws riskiere. Murrend fügte er sich schließlich.

Aber es war schon gefährlich. Junge Männer waren ja keine mehr da oder durften sich nicht blicken lassen. Junge Burschen, alte Frauen und ein paar ganz alte Männer, die schon den Ersten Weltkrieg mitgemacht hatten, waren beim Einmarsch der französischen Truppen hier. Wir hatten Angst, weil der Fritz Schad – der hat ja immer gut getrunken – am Tag vor dem Einmarsch einen Mordsrausch hatte. Dazuhin hielt er noch eine Eisenstange in der Hand, und seinen Kopf zierte ein Soldatenkäppchen. Gott sei Dank hat man ihn vorher aufgefunden. Wer weiß, was passiert wäre, wenn die französischen Soldaten ihn so angetroffen hätten! Es hatte ja geheißen, wenn Widerstand geleistet wird, dann wird die ganze Stadt angezündet oder sonstwas. Der Schad hat sich dann versteckt. Und zwar baute er einen Turm aus Faßdauben, und da schlüpfte er hinein. Er hatte aber so einen Rausch, daß er zwei oder drei Tage gar nicht mehr recht aufgewacht ist. Zu unserem Glück!

Im Haus Schillerstraße 7 wohnte Karl Zügel, Leiter der Höheren Handelsschule. Den nannte man in Calw auch „Karl den Großen". Er war ein eifriger Leserbriefschreiber gewesen, weil er mit der Stadtverwaltung des öfteren im Clinch lag. Meine Mutter mußte morgens schon die Treppe hinunter, um die Tageszeitung zu holen, damit mein Vater schauen konnte, ob nicht schon wieder ein Leserbrief vom Zügel drinstand. Er war ein Deutschnationaler, und an seinem Haus war eine Tafel angebracht, auf welcher folgender Spruch geschrieben stand: „O Herr, laß dieses Haus bestehen und laß es Fried' und Freude sehen, solange Deutschland steht und hält. Wenn aber Deutschland wankt und fällt, am selben Tag, zur selben Stund', schlag, Herr, dies Haus in Grab und Grund." Als die französische Armee nach Altburg kam, sprang Frau Zügel – er lebte ja nicht mehr – in der Nachbarschaft herum und suchte dringend jemanden, der ihr half, diese Tafel vom Haus abzumontieren.

Ich hatte meine Einberufung immer wieder hinauszögern können, besorgte mir aber die entsprechenden Papiere, weil es hieß, daß als Deserteur erschossen werde, wer ohne Soldbuch oder Stellungsbefehl angetroffen wird. Dann machte ich mich aus dem Staub und verschwand ins Öländerle hinaus. Die Franzosen waren bereits in Calw, als eine völlig vergammelte Einheit deutscher Soldaten, die sich auf dem Rückzug befand, vorbeikam und mich aufgabelte. Ich konnte gar nicht glauben, daß das wirklich Soldaten waren, so wie die daherkamen. Vom richtigen Krieg hatte ich ja keine Ahnung. Die sahen wirklich aus wie eine wilde Horde! Der Unteroffizier wollte mich unbedingt mitnehmen, aber einige ältere Männer, die dort waren, stritten sich mit dem. Ich sei doch erst sechzehn, sagten sie. Bis es dem Unteroffizier zu dumm wurde und er mit seiner Truppe weiterzog!

Dann kam ich wieder nach Karlsruhe und noch einmal an die Westfront. Fünf Tage vor Kriegsende waren wir ganz in der Nähe von Calw. Wir zogen von Pforzheim aus das Enztal hoch in Richtung Freudenstadt. Der kommandierende Oberleutnant befahl uns, die Waffen abzuliefern, denn wir sollten uns unbewaffnet in Gefangenschaft begeben. Da sagte ich mir: Zwei Stunden zu Fuß von Calw entfernt gehe ich nicht in Gefangenschaft! Der Oberleutnant ließ mich ziehen. Ich ging zurück nach Calw. Dort war ja schon französische Besatzung, und ich war noch in voller Uniform. Es war nicht ganz einfach, ungesehen von oben über die Staffeln in die Stadt hineinzukommen. Das Biergäßle schlich ich hinab und verschwand dann in dem Winkel zwischen Bäckerei und Küferei. Ich war natürlich heilfroh, als ich zu Hause war. Mein Vater grub in seiner Werkstatt ein Loch, in welchem wir meine Uniform versteckten. Am andern Morgen meldete ich mich der Ordnung halber beim Bürgermeister Göhner auf dem Rathaus zurück. Ich solle um Gottes willen nach Hause gehen und mich nicht mehr blicken lassen, riet der mir. Das tat ich dann auch. Einige Tage später war der Krieg zu Ende, und man konnte sich wieder einigermaßen frei bewegen.

Mein Vater war beim Volkssturm und seine SA-Uniform befand sich noch im Haus. Meine Mutter wollte sie abgeben, doch sie wurde nicht mehr angenommen. Wohin also mit der Uniform? „En d' Nagelt han i se gschmissa!" gestand mir meine Mutter. Unglaublich, was dort zwischen Nikolausbrücke und Weinsteg nach dem Krieg alles in der Nagold gefunden wurde!

Die lokalen Parteifunktionäre haben sich bei Kriegsende schnell aus dem Staub gemacht. Und dabei noch die Autos mit gehorteten Waren vollgestopft: Likör, Schokolade und andere Leckereien. Wir und die anderen Bewohner der Metzgergasse haben einmal auf den Tip eines solchen Flüchtigen hin ein Auto geleert, das dort geparkt war. Es war nicht angesprungen, weil kein Sprit mehr im Tank war. Alles, was wir seit Jahren nicht mehr zu Gesicht bekommen hatten, konnte man in diesem Wagen finden.

Der Doktor Schleich am Sachsen-Eck (Ecke Marktplatz/Marktstraße) hatte beim Einmarsch noch eine Hakenkreuzfahne am Haus hängen. Er hielt sich im Keller versteckt. Als französische Soldaten in den Keller kamen, stießen sie auf eine Menge Hakenkreuzfahnen. Da nahmen sie ihn und seine Frau sofort mit. Er arbeitete später dann in Tübingen in der Pathologie. Als ich wegen einer Hirnhautentzündung in Tübingen in der Klinik war, schaute ich eines Tages zum Fenster hinaus und sah unten einen kleineren Mann auf einer Bank sitzen. Auf meine Frage, wer das sei, sagte der Chefarzt, das sei auch ein Calwer. Ich setzte mich zu ihm auf die Bank. Er freute sich sehr, jemanden aus Calw zu treffen. Warum er das beim Einmarsch denn getan habe, wollte ich wissen.

„Denen wollte ich zeigen, daß wir auch jemand sind!" war seine Antwort. Er war doch ein sehr verbohrter Mensch.

Als im Kriegsgefangenenlager über Lautsprecher das Kriegsende mitgeteilt wurde, dachte man einerseits: Gottseidank hat dieser schreckliche Krieg ein Ende gefunden. Andererseits ging einem aber auch durch den Kopf: Jetzt hat man vier oder noch mehr Jahre für Hitlers Krieg den Kopf hinhalten müssen, einen großen Teil seiner Jugendzeit dem Kommiß geopfert, und jetzt „isch älles henda hott ganga". Es herrschte also durchaus ein zwiespältiges Gefühl: auf der einen Seite Erleichterung über die Beendigung des Krieges, auf der anderen Seite Angst und Verunsicherung, da man nicht wußte, was jetzt auf einen zukommt.

Im Juni 1947 bin ich aus der französischen Kriegsgefangenschaft zurückgekehrt. Die in Frankreich Gefangenen sind schubweise nach Deutschland entlassen worden. Zunächst waren die über Vierzigjährigen an der Reihe, und dann kamen auch wir Minensucher dran – eine gefährliche Tätigkeit, die uns auferlegt worden war. Von den zuständigen Stellen ist uns danach großzügig bescheinigt worden, Tausende von Minen beseitigt zu haben, und deshalb wurden wir als zweite Gruppe entlassen.

Nach dem Arbeitsdienst, den ich Ende 1940 angetreten hatte, kam ich Anfang 1941 zur Wehrmacht, zu der ich mich freiwillig gemeldet hatte. Der Vorteil war, daß man sich den Truppenteil aussuchen konnte, zu dem man gehen wollte. Wir Schüler der achten Klasse wären nach dem Abitur im Februar 1941 sowieso eingezogen worden, hätten uns aber dann der Truppenzuteilung fügen müssen. Sechseinhalb Jahre lagen zwischen dem Verlassen der Schule und der Rückkehr aus der Gefangenschaft. Diejenigen, welche wegen dem Wechsel zur Wehrmacht kein Abitur abgelegt hatten, erhielten jedoch den Reifevermerk in ihrem Zeugnis. Ich entschied mich für eine Buchhandelslehre in Tübingen. Erst einige Jahre später begann ich zu studieren.

... scho zwoimol isch ons 's Geld verreckt!

Die Nachkriegszeit

Diese Zeit war natürlich auch schlecht wegen der verbreiteten Armut. Die Obernazis waren alle weg. Vor denen brauchte man ja nun keine Angst mehr haben. Das war ja unsere Befreiung. Wir waren tatsächlich frei. Deshalb war das französische Militär nicht in erster Linie Besatzungsmacht, sondern die haben uns befreit!

Französische Besatzung

Mein Vater war seiner guten Französischkenntnisse wegen mit der französischen Seite in Kontakt. Von dort erfuhr er auch, daß Calw in einigen Tagen bombardiert werden sollte. Es war dann allerdings so, daß kein Widerstand mehr vorhanden war, Calw praktisch soldatenfrei war. Der Befehl konnte jedoch nicht mehr zurückgenommen werden. So kam es, daß auf Stammheim Bomben fielen.

Bei Kriegsende mußten alle Fotoapparate an die Besatzungsmacht abgegeben werden. Da gab's nun „schlaue" Leute, die eine schicke Leica besaßen und nach dem Krieg ihre Filme zum Bernsdorff zum Entwickeln brachten. Die Franzosen mußten also lediglich beim Bernsdorff nachfragen, wem die Fotoarbeiten gehörten. Danach gingen sie zu den entsprechenden Adressen, klingelten und forderten von den verduzten Leuten die Herausgabe ihres Fotoapparats.

Mein Vater hatte ein großes AEG-Radio besessen. Mit diesem Apparat hatten er und ich verbotenerweise während des Krieges Feindsender abgehört. Das Radio mußte man beim Einmarsch auf dem Rathaus abgeben. Es ging eigentlich darum, daß die Bevölkerung kein Radio, sprich keine Propaganda mehr hören konnte. An den Apparaten an sich hatten sie kein Interesse. Die wurden nämlich wochenlang gestapelt. Nach Beendigung des Krieges waren die Radios auch nicht mehr von Interesse. Und da hat sich der eine oder andere halt eins mit nach Hause genommen.

Die Familie jener stadtbekannten „Dame" ist sehr, sehr anständig gewesen. Wenn's Kohlen zum Ausfahren gab, haben sie dem

Holz- und Kohlenhändler Bauer geholfen, Kohlen auszutragen. Aber daß die Schwester so „drnäbanaus" gekommen ist! Das war allerdings wiederum von Vorteil, als die marokkanischen Soldaten kamen. Mein Vater war in französischer Gefangenschaft gewesen und konnte sich mit denen verständigen. Als sie die Metzgergasse heraufgekommen sind, hat mein Vater sie schön in die Salzgasse komplimentiert. Dort könnten sie rauf, hat er gesagt, da seien zwei Damen. Sie müßten aber auch etwas schenken. Und tatsächlich – es hat prima funktioniert! Eines schönen Tages, als die Betreffende dann wußte, wer diese Soldaten immer zu ihr schickt, kam sie zu meinem Vater und drohte, ihn zu „verschlagen". Mein Vater sagte, sie solle doch froh sein; er hätte gehört, sie würden in Lebensmitteln nur so schwimmen. Daraufhin sagte sie: „Hajo, Albert, hosch eigentlich recht – schick se weiterhin!" Und wir drumherum haben Ruhe gehabt.

Nach der Einnahme der Stadt durch die Franzosen war die Tätigkeit des Landratsamts vorübergehend stillgelegt. Es hat alles aufgehört, und trotzdem ist alles weitergelaufen. Einer war also immer auf dem Amt, der im jeweiligen Moment ohne Weisung von

Sitz des „Gouvernement Militaire" in der Bahnhofstraße 36

oben das Richtige tat. Der Landrat wurde abgesetzt, ein kommissarischer Landrat eingesetzt. Ich mußte fast jeden Tag aufs Gouvernement, da die Befehle, was wir zu tun und zu lassen hätten, ja jetzt von dort kamen. Es war abgesprochen, daß, wenn ich länger als drei Stunden weg war, jemand nachkommen sollte, um nach mir zu schauen. Ich mußte für die Franzosen Lastwagen requirieren. Also wurden die großen Firmen antelefoniert, ob sie Lastwagen zur Verfügung stellen können. Einmal wurde von französischer Seite ein Lastwagen mit Anhänger verlangt. Ich orderte also bei einer Firma einen Lkw. Doch bald kam ein Anruf vom Gouvernement, es sei kein Lastwagen eingetroffen. Ich mußte so schnell wie möglich einen anderen besorgen. Also rief ich vom Gouvernement aus eine Firma in Höfen an und bat den Chef, einen Lastwagen mit Anhänger nach Calw zu schicken. Er hörte wohl an meinem Ton, daß dies eine sehr dringliche Angelegenheit war. Deshalb wurde ein mit Holz beladener Wagen blitzschnell geleert, der Fahrer startete sofort. Ungefähr zur selben Zeit fuhr der zuerst bestellte Laster vor dem Gouvernement vor. Sofort rief ich die Polizei an und gab Weisung, den anderen von Höfen kommenden Lkw zu stoppen. Der Fahrer nahm seinen Auftrag jedoch so ernst, daß er die Polizei ignorierte und nach Calw hineinfuhr bis vors Gouvernement. Jetzt standen also zwei Lkws mit Anhänger auf der Straße. Derjenige, der die Order von französischer Seite veranlaßt hatte, packte mich, schüttelte mich und meinte: „So, das erste Mal ging's nicht, aber wenn Sie bei uns sind, dann kommen zwei!" Daraufhin erkannte auch der zweite Fahrer die Lage. Er war fast den Tränen nahe, weil er die Polizeiorder mißachtet und mich dadurch noch mehr hineingeritten hatte.

Das Landratsamt hatte die Oberhand über die verfügbaren Fahrzeuge. Die noch verbliebenen Lastwagen wurden mit Sitzbänken ausgestattet. Wenn wir nun wußten, wann ein Fahrzeug wohin fahren sollte, teilten wir das den Leuten, die wegen Transportmöglichkeiten anfragten, mit. Es wurde ein Stuhl aufgestellt, so daß auch Leute auf die Lastwagenpritsche steigen konnten. Dann ging die Fahrt los. Zu der Zeit hat man das Beförderungsverbot nicht mehr so streng genommen, da wurde ein Auge zugedrückt. Die Leute waren damals sehr hilfsbereit, einer war auf den anderen angewiesen. Dem Fahrer wurde hin und wieder ein Vesper zugesteckt. Es war eine arme und zugleich schöne Zeit!

Ein paarmal habe ich auch Autoreifen von den Franzosen erhalten für unsere Fahrzeuge. Die hat man dann nach Pforzheim geschickt auf den Markt. Da haben die Pforzheimer gesagt: „Die Württemberger kriegen nix, nur die Badener!" Einige hatten aber dann doch Mitleid, denn die Calwer waren mitten in der Nacht losgefahren, um beizeiten in Pforzheim zu sein, und sie gaben ihnen eine Kiste Obst und ein paar Zitronen. Ganz langsam ging das vonstatten, daß man wieder Lebensmittel gekriegt hat.

Wenn man nach Stuttgart in den amerikanischen Sektor fahren wollte, dann war auch das möglich. Wir sind in Ostelsheim aus dem Zug ausgestiegen, der Zug fuhr ein ganz kleines bißchen langsamer, die Eisenbahner wußten nämlich Bescheid. In der Zwischenzeit sind die Leute auf der einen Seite den Berg hoch und auf der anderen wieder hinunter. Dann stiegen sie wieder ein und schon waren sie im amerikanischen Sektor. Und zurück ging's genauso.

Das eindrucksvollste Erlebnis in jenen Tagen war das folgende. Ich hatte ja in der Baumwollspinnerei in Kentheim gelernt und nach Kriegsende mich dort wieder gemeldet. Die Fabrikation konnte jedoch nicht wieder aufgenommen werden, weil die Eisenbahnbrücke mit Fliegerbomben noch scharf geladen war. Die Brücke hätte beim Rückzug der deutschen Truppen gesprengt werden sollen, aber dazu war es nicht mehr gekommen. Da ich beinahe fünf Jahre bei den Pionieren war, erklärte ich mich bereit, mir das mal anzuschauen. Beim zuständigen Reichsbahnrat wurde die Erlaubnis eingeholt. Auf dem Bauch liegend entschärfte ich dann vier Fünf-Zentner-Bomben. Ein einziger harter Schlag hätte gereicht und alles wäre in die Luft geflogen. Die Sprengmittel lieferte ich dann beim Bahnbetriebsamt draußen bei der Handelsschule ab.

Einmal haben mir meine Kontakte zum Gouvernement auch geholfen. Meine Familie war ja fliegergeschädigt, unser Haus war am Ostersamstag bombardiert worden. Wir hatten eine Notunterkunft in der Jugendherberge zugewiesen bekommen. Unsere wenigen Habseligkeiten waren bei einem Onkel deponiert, wir hatten allerdings noch eine schöne Standuhr bei uns. In der Jugendherberge befand sich ein Lebensmitteldepot der Franzosen. Eines Tages kamen einige Franzosen, darunter auch ein Offizier. Sie hatten die Standuhr schlagen hören und waren daraufhin in unsere Wohnung gekommen. Der Offizier wollte die Uhr und auch noch ein Büffet beschlagnahmen. Das war mir zu dumm! Jetzt waren wir schon

Zuschauer beim Kinderfest 1949: Bürgermeister Seeber und der französische Gouverneur Colonel Blanc

fliegergeschädigt und sollten auch noch unsere letzten Besitztümer abgeben? Ich ging schnurstracks aufs Gouvernement, sagte zum Leiter: „Jetzt brauche ich Ihre Hilfe: Man will uns unsere letzte Habe wegnehmen!" Er begleitete mich zur Jugendherberge und erreichte, daß die Sachen bei uns in der Wohnung blieben. Ich bedankte mich natürlich bei ihm. Er erwiderte lediglich: „Sie waren immer anständig!"

In der Stadt Calw gab's bei Kriegsende 46 000 Liter Wein. Als das französische Militär in die Stadt kam, konnten die drei Tage lang trinken. Danach wurden sie auf die Frauen losgelassen. Ein Offizier sagte, so eine reiche Stadt hätten sie bisher noch nicht angetroffen. Im „Rößle" drunten logierte der Offizier, dem mein Vater behilflich war. Als wir einmal dort waren, fragte dieser meinen Vater, ob er Wein habe. Wenn nicht, so würde er Wein bekommen. Die Leute, die drumherum standen, meinten, es gäbe doch im „Rößle" gar keinen Wein, denn man hätte in den letzten Jahren hier keinen mehr bekommen. Der Offizier dagegen behauptete, der ganze Keller sei voll. Er gab Order, die Leute sollten Gefäße holen. Diese kamen an mit Eimern und Kannen. Alle durften ihre mitgebrachten Gefäße mit Wein füllen. Der Rößlewirt stand daneben und machte immer größere Augen. Nachdem alle Behältnisse gefüllt waren, öffnete der Offizier den Spunt und ließ den restlichen Wein die Metzgergasse hinabfließen. Ein danebenstehendes Faß mit Salzheringen öffnete er ebenfalls und schüttete den Inhalt dazu. „So, jetzt haben Sie auch nichts mehr!" meinte der Offizier und setzte hinzu: „So sind die Deutschen!" Einige Zeit später kam der Rößlewirt, um den unfreiwillig abgegeben Wein nachträglich noch abzukassieren. Mein Vater gab ihm dann auch etwas dafür, denn in der Zwischenzeit hatte man ja wieder Geld. Also, die Ladenbesitzer in Calw haben beizeiten Waren auf die Seite geschafft, um in Notzeiten besser tauschen zu können.

Ich mußte eines Morgens mal aufs Gouvernement hinaus. Dort bekam ich eine Liste mit Dingen, die benötigt wurden. Solange diese Liste erstellt wurde, wartete ich in einem Nachbarzimmer. Dort erhielt ich ein Butterbrot mit Wurstbelag und einen Kakao. Das zweite oder dritte Mal aß ich das Brot nicht auf, sondern steckte es in die Tasche. Dabei wurde ich wohl beobachtet. Ob ich noch Hunger hätte, wurde ich gefragt. Nein, ich hätte keinen Hunger mehr, antwortete ich, obwohl ich natürlich mordsmäßig Hunger hatte. Ich solle mal das Brot aus meiner Tasche holen, wurde ich aufgefordert. Für wen denn dieses Brot bestimmt sei, wollten die Franzosen wissen. Das sei für meine Eltern, sagte ich, damit die auch ein Stückchen Butterbrot bekämen. Von da an mußte ich unter Aufsicht im Gouvernement zwei Schnitten Brot essen und einen Kakao trinken. Außerdem bekam ich nochmals vier Schnitten für meine Eltern mit nach Hause. So sind sie dann auch wieder gewesen. Nur – die andern durften das nicht erfahren. Deshalb mußte ich in dem Zimmerchen sitzen. So erhielt ich jeden Morgen ein kleines Vesper. Einmal bekam ich ein „Schoklädle". Mein Gott, ich wußte gar nicht mehr, wie Schokolade aussieht.

Wenn ich ein Brot erhielt, nahm ich es mit ins Büro und teilte es auf. Dann wurde wieder das Milchlädle eröffnet. Dort, wo ein Laden existierte, dort haben die Leute drumherum immer ein bißchen was gehabt.

Wir waren fliegergeschädigt und hatten Bezugsscheine erhalten. Die nützten uns aber nichts, weil man ja nichts gekriegt hat. Die Frau Rühle, Besitzerin eines Garngeschäftes, schenkte mir, da es um Ostern herum noch ziemlich kalt war, ein Strickjäckchen.

Sie gab mir außerdem noch je eine Strickjacke für meinen Vater und für meine Mutter mit. Als ich mit diesen drei Strickjacken nach Hause kam, da sah ich meinen Vater das erste Mal weinen, weil wir, die wir nichts mehr besaßen, dieses Geschenk erhalten hatten.

Oder ein anderes Beispiel für die Hilfsbereitschaft in dieser Zeit: Der Friseur Kohler, ein Schulkamerad meiner Mutter, kam und wusch uns die Haare. Nach dem Bombardement waren die ja voll mit Gips und anderem Material. Viermal mußte er uns die Haare waschen, bis sie ganz sauber waren.

Auf diesem Weg hat man ein bißchen was gekriegt, und dafür war man dankbar. In diesen Geschäften hat man dann später auch eingekauft, obwohl's dort teurer war als in Pforzheim.

Als ich im Juni 1947 aus der französischen Kriegsgefangenschaft zurückkehrte, lastete noch immer der Druck der Besatzung auf der Calwer Bevölkerung. Bei uns daheim hatte sich ein französischer Offizier mit seiner Freundin einquartiert. Er war eingesetzt zur Durchführung von Abholzungsmaßnahmen. Riesige Kahlschläge in den Wäldern rund um Calw und Hirsau hatten das Landschaftsbild nachhaltig verändert. Das Holz wurde in Frankreich zum Wiederaufbau zerstörter Städte und Dörfer verwendet. In den Fabriken mußten viele Maschinen zerlegt und über den Rhein hinüber verschickt werden. Gefallen hat das keinem, aber dagegen machen konnte man nichts – höchstens schimpfen. Im kulturellen Bereich dagegen geschah manches Erfreuliche durch die Besatzungsmacht. Das Volksbildungswerk Calw (Vorläufer der Volkshochschule) konnte gegründet werden. Französische und deutsche Referenten hielten Vorträge und erteilten Unterricht. Den örtlichen Vereinen wurde gestattet, ihre Arbeit wieder aufzunehmen. Das Gymnasium wollte ich als Fünfundzwanzigjähriger nicht mehr besuchen, ich habe aber in Tübingen an der Universität einen Kurs absolviert. Das konnte man, wenn man den bereits erwähnten Reifevermerk im Zeugnis hatte. Und danach war ein Studium möglich.

Flüchtlinge

Wir bekamen auch Flüchtlinge zugeteilt, eine Frau mit ihren zwei Kindern. Zwei Zimmer mußten wir abgeben und die „Wohnung" entsprechend der Anweisung eines städtischen Beamten ausstatten. Meine Mutter bekam ganz große Augen! Bettwäsche, Handtücher, Kochtöpfe, Geschirr mußte sie rausrücken. Die Sachen hatte man schon, die Mutter hätte es halt lieber beisammen gehalten. Die paar Reichsmark Miete, die man dann dafür erhalten hat, konnte man vergessen.

Auch in Calw wurden die Flüchtlinge zugeteilt. Auf dem Bürgermeisteramt mußte man die Größe der eigenen Wohnung angeben und wieviele Personen im Haushalt lebten. Auf dieser Grundlage erfolgte dann eine eventuelle Zuteilung. Manche Herrschaften allerdings mußten keinen Wohnraum an Flüchtlinge abtreten. Da kenn' ich einige. Oder sie erhielten so kleine Reihenhäuser wie auf dem Wimberg oben, die noch während des Krieges vom Arbeitsdienst errichtet worden waren. Wir als Ausgebombte konnten uns kein Häuschen bauen, aber manche Flüchtlingsfamilien konnten sich mit der finanziellen Entschädigung, die sie erhielten, welche hinstellen. Vielen Calwern galten die Flüchtlinge als „Reigschmeckte". Manchenorts mußten in Württemberg Flüchtlinge sogar mit Polizeigewalt einquartiert werden.

Im Landratsamt gab es die Umsiedlungsabteilung. Dort mußten sich die Wohnungssuchenden melden. Es kam einmal einer und sagte, er brauche eine Wohnung. Der kam von Wildbad herüber. Wieviele Zimmer er denn benötige, wurde er gefragt. „Ein ganzes Haus!", antwortete der. Auf die Frage, warum er denn ein ganzes Haus brauche, sagte er: „Für meine Möbel!" Wie er denn als Flüchtling Möbel dabei haben könne? „Drei Möbelwagen stehen in Wildbad!"

Da kam ein Flüchtling aufs Landratsamt, und ich dachte: Komisch, der kommt dir bekannt vor. Ich schaue ihn an und er schaut mich auch so an. Er erzählte dann, was er alles so an Besitztümern in Ostpreußen gehabt hatte. Auf die Frage des Beamten, wo das denn genau gewesen sei, fiel der Name Loien. „Au, jetzt weiß i aber doch, wer Sie send! Sie kennet mi au." Wie der Zufall so spielt, war ich Jahre zuvor bei meiner Schwägerin, die nach Ostpreußen geheiratet hatte, genau in diesem Ort zu Besuch. Von daher wußte ich, daß der Antragsteller nur Knecht auf dem Hof meines Schwagers gewesen war. Deshalb kannte er sich in den Örtlichkeiten auch so gut aus. Jetzt gab er sich als Besitzer dieses Anwesens aus.

Dieses Verhalten einzelner Flüchtlinge wurde verallgemeinert und führte zu Vorurteilen und Ressentiments gegenüber der neuen Bevölkerungsgruppe. Es kursierten auch Witze, die das zum Ausdruck brachten. Zwei davon sind mir noch in Erinnerung: „'s Mariele frogt sei Mutter: ,Mama, isch der Mond au an Flichtling?' ,Ha, worom?' ,Ha, der hott an Hof!'" oder: „In Cannstatt wurde bei der Wilhelma ein neuer Steg gebaut. Plötzlich bricht dieser zusammen. Was war passiert? Über die Brücke war ein Flüchtling mit dem Lastenausgleich gegangen."

Schwarzmarkt und Währungsreform

So ging's mir: Ich hab' in jener Zeit von einer Schachtel Zigaretten eine Woche lang gelebt. Nach dem Krieg gab's sozusagen eine Zigaretten-Währung, natürlich auch eine Kaffee- und Butterwährung: Butter kostete 300 Mark und Kaffee auch so 200 bis 300 Mark. Die deutschen Zigaretten kosteten pro Schachtel 30 Mark, englische oder amerikanische 100 bis 120 Mark. Die Kosten, die entstanden sind aufgrund von Lebensmittelmarken und so weiter, das waren die normalen Preise von vor dem Krieg. Da waren natürlich 100 Mark soviel wie 100 Mark vor dem Krieg. Da konnte man gut von 100 Mark leben. Die Zigarettenwährung war eine überhöhte Währung, das war hundertmal mehr als es eigentlich wert war. Es herrschte eine Inflation, weil im Krieg zuviel Geld gedruckt worden war. Meine Onkel aus Amerika haben Pakete geschickt mit Klamotten und so. Alte Kleider sind gut durch den Zoll gekommen. In den Klamotten aber waren Zigaretten und Schokolade versteckt. Da haben wir natürlich schon drauf gelauert. Keiner in der Familie rauchte, und meine eigenen Zigaretten, die's auf Marken gab, hab' ich auch noch verscherbelt. Die hab' ich für 1,20 Mark gekauft und für 30 Mark wieder an Raucher verkauft.

 Dann hatte man gute Freunde. Bei einem Bekannten putzte ich Fenster und bekam dafür eine kleine Flasche Öl. Wenn man damals Kartoffeln kochte, mußte man immer rühren – die Milch hieß ja „Blauer Heinrich", weil sie so verwässert war. Man gab also etwas Milch hinein und rührte, damit die Kartoffeln nicht anbrannten. Als ich das Öl nach Hause brachte, konnte man davon etwas zugeben. Man mußte nicht mehr rühren und die Kartoffeln schmeckten sogar nach was. Die Leberwurst nannte man ihres

Inhalts wegen „Sägmehltante". Einmal hatten wir Linsen, die mußte man „verlesen". Plötzlich liefen die Linsen davon. Das waren alles kleine Käfer! Die Linsen, die nicht so schnell liefen, kamen in den Kochtopf.

Dann ging man auch Ähren lesen oder Bucheggern sammeln. Zum Rauchen verwendete mein Vater getrocknete Brombeerblätter. Das hat vielleicht gestunken!

Die Lebensmittelbeschaffung war mit das Schwierigste in der unmittelbaren Nachkriegszeit. Für meine Familie jedoch Gott sei Dank nicht, denn mein Onkel war der Bäckermeister Hermann Giebenrath. Der hatte also eine Bäckerei und ein „Wirtschäftle". An Brot hat's uns von daher nicht gemangelt. Aber es war damals alles derart eng. Es gab Lebensmittelmarken, aber manchmal hat man nicht einmal dafür etwas bekommen. Dann gab's den Schwarzmarkt, aber da waren die Waren horrend teuer. Das war's, was ich auch an der Währungsreform als ungerecht empfunden habe. Da hat mancher ein paar tausend Mark verloren, die er zuvor am Stuttgarter Hauptbahnhof mit einer Stange Zigaretten verdient hatte. Und ein anderer, der sein Geld sorgfältig „aufs Sparbüchle g'legt" hatte, mitsamt der Frontzulage, die er nach Hause geschickt hatte, ist ums gleiche Geld gekommen.

Vor der Währungsreform war nichts mehr da, man hat nichts mehr gekriegt. Aber am Tag der Währungsreform waren alle Läden voll. Da gab's Geschirr, Kleider – alles, alles gab's da! Wir hatten ja nur ein paar Mark. Für 600 Mark bekam man 60 D-Mark. Am Anfang hatten sie keine 60 D-Mark, deshalb bekam man nur 40 und 20 dann später. Mein Vater hatte ein Sparbuch, von dem kamen 600 Mark für ihn und 600 Mark für meine Mutter weg. Und von meinem Sparbuch der gleiche Betrag für mich und meinen Bruder! So hat man uns beschissen!

Ich war ein bißchen blöd, was die Währungsreform anbelangt: Ich war damals 18 und mit einem 18jährigen Mädchen aus Stuttgart in Calw zum Heidelbeerensammeln. Als wir wieder zurück in Stuttgart waren, sagte deren Mutter: „Mensch, waret ihr fleißig!" Oh, das regt mich heute noch auf – von wegen Heidelbeeren gesammelt! Ich hatte nämlich in Rötenbach ein Körbchen Heidelbeeren für 20 D-Mark gekauft und somit ein halbes Vermögen ausgegeben!

Aber man war glücklich, daß der Krieg zu Ende war. Und viele meinten: Das war der letzte Krieg, jetzt kommt ganz gewiß keiner mehr! Man hat eben dann gearbeitet. Es war damals auch ein nachbarschaftliches Verhältnis, wie man es sich heute überhaupt nicht mehr vorstellen kann. Kohlen zum Heizen gab's keine, und man hat im Wald Holz geholt. Der junge Nachbar hat für seinen alten Nachbarn oder für die Nachbarin, die nicht mehr in den Wald haben gehen können, das Holz mit eingeschlagen, gesägt und gespalten. Das war schließlich das einzige Brennmaterial. In jeder Küche stand ein Herd, der mit Holz geheizt wurde. Und so ging es nur auf Sparflamme sozusagen aufwärts. Wer etwas tauschen konnte, der tauschte. Wenn der Bärenkarle, der Metzger Scheuerle, einen Schlüssel brauchte, hat mein Vater den hergestellt – kaufen konnte man ja keine. Er hat sich nicht mit Geld bezahlen lassen, sondern der Bärenwirt beglich seine Rechnung eben mit Wurst. Das alles hat sich ziemlich schlagartig gewandelt nach dem 20. Juni 1948.

Ha nun, es war schon traurig, daß man den Krieg verloren hat. Wir wollten ja noch 1944 den Krieg gewinnen, obwohl schon damals sichtbar war, daß es abwärts ging. Die Übermacht des Gegners – ich war zu der Zeit an der Westfront – war zu groß. Und bei uns hat's nicht nur an Munition gefehlt, es hat an allem gefehlt. Daß der Krieg vollends zu Ende geht, war absehbar. Man hat müssen auch mit dem fertig werden, was sich familiär abgespielt hat. Mein einziger Bruder war in Rußland gefallen. Fast jede Familie war davon betroffen. Freunde und Schulkameraden waren im Krieg umgekommen. Es war von daher eine gewisse Erleichterung da, als der Krieg zu Ende war. Als Schwaben haben wir halt gedacht: Jetzt wird geschafft, daß es wieder aufwärts geht.

Also ich habe das anders gesehen. Das ist ein zu großer Sprung vom Kriegsende zum Wiederaufbau. Einerseits war ich froh, daß der Krieg vorbei war. Die Illusion, daß der Krieg gewonnen wird, hatte ich schon lange begraben. Da war man sozusagen schizophren. Die Situation nach dem Ende des Krieges war für mich deprimierend. In bezug auf die Politik hatte ich so die Schnauze voll, daß ich weder den Adenauer noch sonstwen zur Kenntnis nahm. Politiker waren für mich nichts. Ich wollte von Politik nichts wissen, ging nicht wählen, kümmerte mich um keine Partei. Von wegen schwäbischer Fleiß! Ich litt mindestens ein bis anderthalb Jahre unter Depressionen, verfiel ins totale Nichtstun. Viele sind halt wieder zur Schule gegangen, haben Abitur gemacht – wie wenn nichts gewesen wäre! Die haben ihr Ziel verfolgt und damit juck! Ich dagegen hatte keinen Bock auf nichts mehr: ich wollte keine Schule besuchen, wollte nichts arbeiten und lungerte bloß herum. Oder ich baute Fahrräder zusammen und fuhr durch die Gegend. Mein Vater meinte dann, das ginge so nicht weiter. Ich müßte jetzt irgendetwas schaffen. Dann hat er mich in der Gärtnerei bei der Handelsschule arbeiten lassen. Eigentlich wollte ich das auch nicht, fügte mich aber. Ich war immer schon von einer gewissen Begeisterung für alles Technische erfüllt, so daß ich beim Aufkommen des Morgenthau-Planes jegliche Perspektive schwinden sah, da Deutschland ja zum bloßen Agrarstaat gemacht werden sollte. Da ich ja irgendetwas machen mußte, dachte ich mir: Das einzige, was noch eine Chance bietet, ist der Bausektor. Alles ist kaputt, irgendjemand muß das wieder aufbauen. So habe ich diesen Weg eingeschlagen. Zunächst arbeitete ich in einem Calwer Zimmereigeschäft. Dann habe ich mich um einen Studienplatz in Stuttgart gekümmert. Als ich das erste Mal mit der Straßenbahn nach Stuttgart hineinfuhr, traute ich meinen Augen nicht. Ich sehe noch die Ruinen mit ihren Fensterhöhlen vor mir. Dahinter war alles Schutt. Vom Bahnhof war nur die Fassade stehengeblieben. Im Studium, das ich als Bauingenieur abschloß, kam ich mit für mich „alten" Kerlen, Familienvätern und Kriegsteilnehmern, zusammen, die unvorstellbare Kriegserlebnisse erzählten.

Kleiner Schnee – große Wasser!
Das Hochwasser 1947

„Kleiner Schnee – große Wasser, großer Schnee – kleine Wasser!" – das war immer ein Spruch des alten Perrot. Das Einzugsgebiet der Nagold reicht ja bis kurz vor Freudenstadt. Wenn kein Schnee lag und das Erdreich gefroren war, und es gab einen plötzlichen Witterungsumschlag mit Niederschlag, dann floß der ganze Regen über die vielen Bäche in die Nagold runter – und das hat das Hochwasser gebracht, nicht die Schneeschmelze.

Wir Kinder haben uns immer gefreut über das Hochwasser. Wir konnten es kaum erwarten, bis das erste Hochwasser kam. Es ging los beim Bäcker Pfrommer, beim Bischofsbrünnele und am Scharfen Eck: Da schauten wir zu, wie's die Schachtdeckel hochgenommen hat. Wir sind dann durch die Straßen gesprungen und haben gerufen: „'s kommt Hochwasser, 's kommt Hochwasser!" Für unsere „Hochwassermeldungen" haben wir von manchen Leuten sogar ein „Zehnerle" bekommen.

Am Perrotschen Haus kann man die Hochwasserstände ablesen, auch am Haus vor dem Weinsteg. Und auch beim Bäcker-Schaible gibt's Hochwassermarken. Wenn man davor steht, kann man es fast nicht glauben, daß das tatsächlich so hoch war. Aber es war so: wenn man von oben auf die Stadt heruntergeschaut hat, war Calw ein einziges Wasser. Das war ja auch glatt mit dem Hochwasser in der Badstraße draußen. Dort, wo die Stufen beim Uhrmacher Hahn sind, kam's immer zuerst raus, wie der Teufel aus dem Boden. Zunächst war's am Hesseplatz noch ein wenig hoch, dann ging's wieder etwas runter und beim Schaible langsam wieder hoch. Da stand dann das Wasser, als ob da eine Pfütze wäre, doch stieg es immer höher. Das große Hochwasser um den 27. Dezember 1947 herum fiel ja noch in die Besatzungszeit. Ein französischer Soldat kam in seinem Jeep daher und fuhr mitten in das Wasser hinein. Er hatte wohl gedacht, das sei mit dem Jeep kein Problem. Wir aber wußten ja bereits, wie tief das Wasser war. Plötzlich stand dem Jeepfahrer das Wasser bis zum Sitz. Dann machte es „Blubb!" und der Motor ging aus. Daraufhin setzte sich der Soldat aufs Dach und wartete, ob jemand zu Hilfe käme. Das sah vielleicht komisch aus!

„Land unter" in der Badstraße (links die Wirtschaft „Rebstock")

Der Wasserstand der Nagold stieg relativ schnell. Durch die Holzstämme, die an den Brücken hängenblieben, wurde das Wasser gestaut und floß in die Stadt. Nach 2 bis 3 Tagen konnte das Hochwasser dann schon wieder abgeklungen sein. Was zurückblieb, war der Schlamm. Und der hat ziemlich gestunken. Danach begannen die Aufräumarbeiten.

Für mein Elternhaus war das Hochwasser eine Katastrophe. Mein Vater war Schlossermeister, und seine Schlosserwerkstatt befand sich ebenerdig in der Lederstraße. Alle Werkzeuge wurde vom Wasser überschwemmt. Es dauerte anschließend Monate, bis diese vom Rost wieder befreit waren.

In der Lederstraße betrug der Wasserstand 2,20 Meter. Bei uns im Büro stand die Schreibmaschine im Wasser. Wir haben im Büro Seile gespannt und alle Akten mit Wäscheklammern zum Trocknen aufgehängt. Da hat's vielleicht gestunken! Mit so alten Bügeleisen hat man die Blätter dann gebügelt. Manche Bücher waren nach dem Hochwasser doppelt so dick wie zuvor.

Die Familie Gösswein wohnte in einem kleinen Häuschen, das auf einem Brückenpfeiler stand. Das Häuschen existiert heute nicht mehr. Die hatten 8 oder 9 Kinder. Diese trug ich, als das Wasser immer weiter stieg und lebensbedrohlich wurde, auf den Schultern herüber. Mir selber stand das Wasser bis zum Hals. Damals wurde noch nicht so viel fotografiert wie heutzutage. Das hätte vielleicht ein Bild abgegeben, wie ich da mit den Kindern durchs Hochwasser gewatet bin!

Ein Bach kam von der Stammheimer Steige, vom Bauknecht da oben herunter. Zum Teil lief der verdolt, zum Teil offen. Wenn's Hochwasser gab, hat's die Kanaldeckel in der alten Stuttgarter Straße gelupft, und sie schwebten einen Meter hoch oben auf der Fontäne. Da konnte kein Fahrzeug mehr fahren, alles mußte gesperrt werden.

Unter der Eisenbahnbrücke kam ein Bach runter, aus dem wäre man bei Hochwasser nicht mehr rausgekommen. An dem Eck hat der Hammann gewohnt. Wie ein Wasserfall ist der Bach an dessen Haus vorbeigerauscht und in die Nagold geflossen. Nun war der Hammann mit dem Regierungsrat unterwegs gewesen. Als er zurückkam, konnte er wegen des Hochwassers nicht nach Hause. Er stellte sich auf die Eisenbahnbrücke und winkte seiner Frau, die zum Fenster herausschaute. Dann rief er: „Alte, i wär so gern komma, i mog di so arg, aber i kaa net, guck, des Wasser!" Seine Frau holte darauf einen Klopfer und winkte ihm mit diesem zu. „I brauch di gar net", rief er wieder, „guck, do oba wohnt mei Sekretärin, zu dera gang i jetzt nuff!"

Unten am Scharfen Eck war so ein Wasserwirbel entstanden. Einige Buben fuhren in einem Waschzuber auf der Nagold und kenterten in dem Wasserwirbel. Die Feuerwehr mußte kommen und sie rausholen. Kurze Zeit später kamen sie hinten herum und trauten sich noch einmal mit dem „Kübele" ins Wasser. Die Feuerwehrler meinten: „Einmal holen wir euch noch raus!" Als sie wieder umkippten, rettete die Feuerwehr sie abermals. Die haben aber acht Tage nichts zu lachen gehabt.

Ich wohnte in der Bischofstraße, als Hochwasser herrschte. Das Wasser war schon ziemlich hoch gestiegen. Da kam eine Frau von Stammheim. Die stand am Wasser und sagte: „Was mach i jetzt? I muaß en mei Gschäft!" Meine Mutter rief ihr zu: „Du, Dorle, du muascht net durchs Wasser. Du kaasch do oba nom, do isch a Notwegle." Das Wasser rauschte allerdings so laut, daß die Frau meine Mutter nicht verstanden hat. Sie raffte deshalb ihre Röcke hoch und stapfte mit den Worten: „I muaß en mei Gschäft!" durchs Wasser.

1928 oder 1929 war die Nagold über ihre Ufer getreten. Nach dem Abschwellen des Hochwassers waren unmittelbar neben der Nagold größere „Lachen" zurückgeblieben. Darin schwammen noch etliche Fische herum. Zu der Zeit gingen sechs oder sieben Hirsauer nach Calw aufs Gymnasium. Die machten sich einen Spaß daraus, in den kleinen Seen Fische zu fangen. Sie bewaffneten sich mit Stöcken, stellten sich um die Pfützen herum und warteten ab, ob sie nicht einen Fisch totschlagen könnten. Schließlich und endlich hatten sie einen zur Strecke gebracht. Nun aber ergab sich die schwierige Frage: Was soll man bloß mit dem Fisch anfangen? Hätte den einer mit nach Hause gebracht, so hätte er vermutlich zu hören bekommen: „Ha, was brengsch denn du daher? Was sollet mir au mit dem Fisch?" Keiner der „Fischer" wollte deshalb die Beute mitnehmen. Zu guter Letzt erklärte sich doch noch einer bereit: „Also guat, i nemman!" Dieser Junge wohnte gleich im ersten Haus am Ortseingang, und als sich die Gymnasiasten dem Haus näherten, trat dessen Vater heraus. Schon

Der Fluß als Baustelle: Einbau eines neuen Wehrs während der Nagold-Korrektion (1950)

von weitem schrie der Sohn: „Vadder, Vadder, mir hend an Fisch!" Worauf der Vater antwortete: „Her mit, no frißt mer'n!"

Hochwasser hatte es immer mal wieder gegeben. Das Hochwasser 1947 aber war das schlimmste, das war wirklich ein Jahrhunderthochwasser. Danach erfolgte die Korrektion der Nagold. Durch die Nagoldkorrektion eröffneten sich Arbeitsmöglichkeiten. Es meldeten sich viele, man verdiente 200 Mark im Monat. Das dauerte noch über die Währungsreform hinaus und war ein guter Lohn.

Was hat sich durch die Korrektion der Nagold verändert? Die Straßen wurden umgestaltet, die Böschungen wurden zu Mauern und aus den festen Wehren wurden Klappenwehre. Der Kanal zur Deckenfabrik verschwand von der Oberfläche. Es gab zum Beispiel auch keine „Badwiese" mehr. Diese hatte bis an die Nagold herangereicht, und dort war man ins Wasser gegangen. Das kleine Wehr blieb, aber das größere wurde durch ein neues, und zwar zur damaligen Zeit Europas modernstes Klappenwehr ersetzt.

Erklärung der Abkürzungen

BdM: Bund deutscher Mädel
EK: Eisernes Kreuz; Auszeichnung für Teilnehmer des Ersten Weltkriegs
HJ: Hitlerjugend
KPD: Kommunistische Partei Deutschlands
Kratze: In Calw gebräuchliche Abkürzung für „Kratzenfabrik"; hier wurden Kratzen hergestellt, die zum Aufrauhen von Wollstoffen in der Textilindustrie Verwendung fanden
KZ: Konzentrationslager
NSDAP: Nationalsozialistische Arbeiterpartei Deutschlands
LUFAG: Lufttechnische Gesellschaft
SA: Sturmabteilung; Gliederung der NSDAP
SPD: Sozialdemokratische Partei Deutschlands
SS: Schutzstaffel; innenpolitischer und militärischer (Waffen-SS) Kampfverband der Nationalsozialisten
RAD: Reichsarbeitsdienst

Gepflegte Geschichten
Pflegende Angehörige erzählen
160 Seiten, brosch. DM 19,80
(ISBN 3-928812-07-6)

Persönliche kleine Geschichten oder Szenarien von Menschen, die Pflege als Grenzsituation erleben: „Heilsame Fügungen" oder „Abstürze", „Eine schlimme, gute Zeit". Pflegende haben in der Erzählaktion mitgewirkt an der Offenlegung eines wichtigen gesellschaftlichen Tatbestands. Sie ermöglichen Einblicke in eine Pflege, die im Aufbruch begriffen ist.
Das Projekt „Gepflegte Geschichten" dieser Schreibwerkstatt wurde mit dem Generationenpreis des Landes Baden-Württemberg ausgezeichnet.

Vom Husarenhannes und der Lügenkätter
Originale, Sonderlinge und Käuze
124 Seiten, broschiert, DM 17,80
(ISBN 3-928812-02-5)

Originale und Sonderlinge scheint es im Schwäbischen früher viele gegeben zu haben. In Erinnerungsarbeit haben Schriftsteller der Region, Justinus Kerner, Ottilie Wildermuth, Christian Wagner, Michel Buck, Berthold Auerbach und Heinrich Hansjakob, diese Gestalten ihrer Kinder- und Jugendzeit aus dem Dunkel der Vergangenheit geholt. In ihren lebensvollen Beschreibungen ersteht noch einmal das Panorama einer vergehenden Zeit.

Lebenserinnerungen, aufgehoben

Die Reihe „Silhouetten aus Schwaben" hat es sich zur Aufgabe gemacht, lebensgeschichtliche Zeugnisse aus der Vergangenheit festzuhalten und weiterzugeben: sie aufzuheben. Lebendig erzählte Lebenserinnerungen sollen erfaßt und in ihrer Ursprünglichkeit präsentiert werden. Sie sollen auch allgemeine Einsichten in die historischen Veränderungsprozesse unseres Alltagslebens ermöglichen.

Wie haben die Menschen im Schwäbischen früher gelebt? Wie hat man gearbeitet und gewohnt? Wie war es in der Kindheit, wie erging es einem in der Schule? Auch Berichte zur heutigen Lebenssituation sind willkommen.

Zur Herausgabe weiterer Quellentexte wollen wir insbesondere ältere Leser herzlich einladen. Schicken Sie Ihre lebensgeschichtlichen Aufzeichnungen an die „Dokumentation von Lebenserinnerungen" beim Verlag Sindlinger-Burchartz, Wielandstraße 14, 72636 Frickenhausen, oder nehmen Sie unter Telefon (0 70 22) 47 14 70 Kontakt auf!